中华人民共和国海船船员培训合格证考试培训教材

交通运输类"十四五"创新教材
符合《海船船员培训大纲（2021版）》
《海船船员考试大纲（2022版）》要求

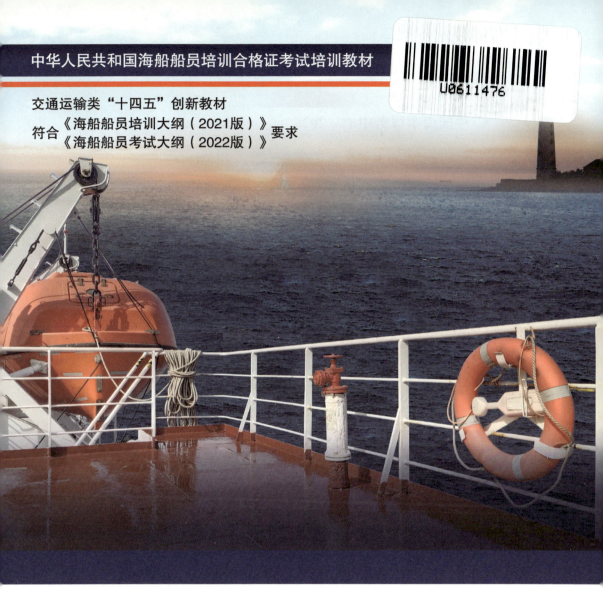

# 基 本 安 全
## ——个人求生 （第2版）

中国海事服务中心 **组织编写**

大连海事大学出版社
DALIAN MARITIME UNIVERSITY PRESS

U0611476

© 中国海事服务中心　2025

**图书在版编目(CIP)数据**

基本安全. 个人求生 / 中国海事服务中心组织编写.
2 版. — 大连：大连海事大学出版社，2025.2
(中华人民共和国海船船员培训合格证考试培训教材).
ISBN 978-7-5632-4618-2

Ⅰ. U698；U676.8
中国国家版本馆 CIP 数据核字第 2025X0F020 号

**大连海事大学出版社出版**

地址：大连市黄浦路523号　邮编：116026　电话：0411-84729665(营销部)　84729480(总编室)
http://press.dlmu.edu.cn　E-mail：dmupress@dlmu.edu.cn

大连天骄彩色印刷有限公司印装　　　　　　　　大连海事大学出版社发行

| 2023 年 6 月第 1 版 | 2025 年 2 月第 2 版 | 2025 年 2 月第 1 次印刷 |
|---|---|---|
| 幅面尺寸：170 mm×240 mm | 印张：7.5 | 字数：139 千 |

出版人：刘明凯

责任编辑：张　华　　　　　　　　　　　　　　　　责任校对：陶月初
封面设计：解瑶瑶　　　　　　　　　　　　　　　　版式设计：解瑶瑶

ISBN 978-7-5632-4618-2　　定价：43.00 元

# 中华人民共和国海船船员
# 培训合格证考试

## 培训教材编审委员会

主　　任：孙玉清

委　　员：（按姓氏笔画排序）

王　勇　刘正江　刘红明　吴丽华　吴宗保　赵友涛

施祝斌　姚　杰

## 审定委员会

主　　任：孙玉清

委　　员：（按姓氏笔画排序）

王　捷　王平义　王明春　吕　明　刘锦辉　李忆星

李建国　杨甲奇　肖亚明　张庆宇　张守波　陈晓琴

苗永臣　范　鑫　周明顺　唐强荣　黄江昆　景向伟

## 编写委员会

**主　　任：**刘正江　赵友涛

**执行主任：**王　勇

**副 主 任：**（按姓氏笔画排序）

丁振国　万　红　马洪涛　王　琪　王　磊　王进博
王松明　王明雨　方　磊　邓志华　曲　涛　朱耀辉
刘月鹏　刘芳武　刘金华　刘宗朴　刘宪珍　许　亮
李　志　李　翼　李先强　李江华　李明阳　杨延存
杨志勇　杨神化　何　毅　何江华　闵金卫　汪益兵
张　洋　张玉波　张世峰　陈东水　邵国余　林叶锦
林杰民　周兆欣　郑学贵　赵丽君　赵宏革　俞万能
俞文胜　贾宝柱　徐　攀　徐立华　徐言民　徐得志
翁石光　唐　锋　黄党和　盛　君　盛进路　章文俊
隋江华　蒋更红　曾冬苟　黎冬楼　滕宪斌

**委　　员：**（按姓氏笔画排序）

王方金　王立军　王希行　王建军　卢艳民　田学军
田海涛　史　言　代　锐　冯海龙　邢博君　吕二广
吕建明　朱永强　刘　雨　刘长青　刘沁源　刘新亮
关长辉　江建华　许媛媛　杜　新　杜金印　李继凯
李道科　李富玺　杨　林　杨　栋　吴叶平　沈荣欣
张　竹　张　磊　张芳亮　张春阳　张选军　陆宝成
陈永利　陈依梁　陈福洲　武　斌　林　郁　罗宏富
金建元　宗永刚　赵志强　赵贵竹　郝振钧　胡贤民
姜广丰　聂　涛　奚　瑞　高世有　高增云　席建龙
黄兴旺　阎　义　葛　帆　蒋　龙　程　欣　温秀萍
裴景涛　熊正华　黎鹭丹　戴　武

# 前　言

　　《中华人民共和国海船船员培训合格证书签发管理办法》已于 2019 年修订并于 2019 年 10 月 1 日起施行。交通运输部 2021 年发布的《海船船员培训大纲（2021 版）》，对海船船员培训合格证的适任要求，培训的理论知识、实践技能，评价标准及学时等作出了详细规定；中华人民共和国海事局根据《中华人民共和国海船船员适任考试和发证规则》和《海船船员培训大纲（2021 版）》编制并发布的《海船船员考试大纲（2022 版）》，对海船船员培训合格证理论考试大纲、实操评估大纲做出了详细规定。

　　为更好地实施高素质船员队伍建设，在新形势、新要求下推进并完善海船船员培训工作，增强海船船员的个人安全意识，进一步提升海船船员适任能力，中国海事服务中心组织具有丰富培训教学经验和航海实践经验的专家编写并审定了本套"中华人民共和国海船船员培训合格证考试培训教材"。

　　本套教材满足《1978 年海员培训、发证和值班标准国际公约马尼拉修正案》、《海船船员培训大纲（2021 版）》和《海船船员考试大纲（2022 版）》对海船船员培训合格证的各项要求，紧密结合我国有关船员职业培训的最新规定，知识点全面，图文并茂，易于学习、理解，可作为海船船员培训合格证培训用书，亦可作为船上人员解决工作中实际问题的工具书。

　　本套教材包括：

| | |
|---|---|
| Z01 | 《基本安全——个人求生》 |
| | 《基本安全——防火与灭火》 |
| | 《基本安全——基本急救》 |
| | 《基本安全——个人安全与社会责任》 |
| Z02 | 《救生艇筏和救助艇操作与管理》 |
| Z03 | 《快速救助艇操作与管理》 |
| Z04 | 《船舶高级消防》 |
| Z05 | 《船舶精通急救》 |
| Z06 | 《船上医护》 |
| Z07、Z08 | 《船舶保安意识与职责》 |

（续表）

| Z09 | 《船舶保安员》 |
|---|---|
| T01 | 《油船和化学品船货物操作(基本培训适用)》 |
| T02 | 《油船货物操作(高级培训适用)》 |
| T03 | 《化学品船货物操作(高级培训适用)》 |
| T04 | 《液化气船货物操作(基本培训适用)》 |
| T05 | 《液化气船货物操作(高级培训适用)》 |
| T06 | 《客船操作与管理》 |
| T07 | 《大型船舶操纵》 |
| T081、T082 | 《高速船操作与管理》 |
| T09、T10 | 《船舶装载包装及散装固体危险和有害物质操作与管理》 |
| T11、T12 | 《使用气体或其他低闪点燃料船舶操作与管理》 |
| T13、T14 | 《极地水域船舶操作与管理》 |

本套教材的编写、出版，得到了各直属海事局、航海教育培训机构、航运企业及大连海事大学出版社等单位的大力支持，特致谢意。

中国海事服务中心
**2022 年 10 月**

扫码学习《深入学习贯彻党的二十大精神　加快建设交通强国当好中国式现代化开路先锋》

# 第2版编者的话

《基本安全——个人求生》依据《海船船员培训大纲(2021版)》和《海船船员考试大纲(2022版)》对海船船员培训合格证的各项要求,紧密结合我国有关船员职业培训的最新规定编写,适用于海上所有船员(适用对象)Z01基本安全培训合格证的考试培训,也可作为船上人员解决工作中实际问题的工具书。

本书共分为七章,内容包括:第一章海上求生概述,第二章船舶救生设备,第三章应变部署和应变演习,第四章弃船时的行动,第五章水中的求生行动,第六章救生艇筏上的求生行动,第七章获救。

本书由刘学强、王威、刘月鹏、邵国余担任主编,曹勇、刘长青担任主审。王路路、兰洋、孙世虎、杨双齐、邵景政、赵贵华、郭春燕、黄海冰、赖强参与了本书的编写。全书由刘学强统稿。

航海类培训教材的编写需要注重理论联系实际。因此,开发建设质量高、资源丰富、适应现代化航运发展的立体化教材是非常必要的。本书在编写过程中,立足于船舶生产实践,借助最新的虚拟现实理论、多媒体技术等,配套开发了仿真设备操作、二/三维动画、视频、AR资源、教学课件等,同时提供多媒体、三维漫游以及三维实操等训练方式,旨在打造国内首套融合文本、VR、AR、视频、音频、动画、线上资源、仿真训练等多种资源于一体的海船船员培训合格证立体化教材,将课堂理论教学与实训实习等环节有机结合起来,丰富了教学内容。本教材的立体化教学资源开发,得到了中国海事服务中心王希行船长、福建船政交通职业学院李翼副教授和张明船长,以及大连海事大学任鸿翔教授的鼎力帮助,在此表示衷心的感谢。

《基本安全——个人求生》第1版问世以来,得到了广大读者的关注与支持,在海船船员合格证教育教学工作中发挥了积极的作用,我们对此深感欣慰并满怀感激。在第1版的使用过程中,众多读者给予了热情的反馈,也提出增加或更换部分教学图片等要求。因此,第2版针对读者反馈的内容进行了调整,同时对部分内容也进行了修订,以符合国内外公约及法规的最新要求。

在此,编者感谢参与本书第1版编写与出版工作的所有人员,是他们的辛勤付出奠定了本书的基础;同时,也要感谢在第2版修订过程中为我们提供宝贵意见和建议的专家学者、教育教学从业者以及广大读者朋友,他们的反馈是我们不断前进的动力。希望《基本安全——个人求生》第 2 版能够更好地服务于祖国的航海教育,为我国海洋强国战略、交通强国建设贡献一份力量。

航海科技日新月异,相关国际公约、各国法律法规、行业标准和规定也在不断进步和完善,本套教材未尽之处请广大同仁和读者批评斧正。

编者
2024 年 12 月

# 第1版编者的话

《基本安全——个人求生》依据《海船船员培训大纲(2021版)》和《海船船员考试大纲(2022版)》对海船船员培训合格证的各项要求,紧密结合我国有关船员职业培训的最新规定编写,适用于海船上所有船员Z01基本安全培训合格证的考试培训,也可作为船上人员解决工作中实际问题的工具书。

本书共分为七章,内容包括:第一章海上求生概述,第二章船舶救生设备,第三章应变部署和应变演习,第四章弃船时的行动,第五章水中的求生行动,第六章救生艇筏上的求生行动,第七章获救。

本书由刘学强、王威、刘月鹏、邵国余担任主编,曹勇、刘长青担任主审。王路路、兰洋、孙世虎、杨双齐、邵景政、赵贵华、郭春燕、黄海冰、赖强参与了本书的编写。全书由刘学强统稿。

航海类培训教材的编写需要注重理论联系实际。因此,开发建设质量高、资源丰富、适应现代化航运发展的立体化教材是非常必要的。本书在编写过程中,立足于船舶生产实践,借助最新的虚拟现实理论、多媒体技术等,配套开发了仿真设备操作、二/三维动画、视频、AR资源、教学课件等,同时提供多媒体、三维漫游以及三维实操等训练方式,旨在打造国内首套融合文本、VR、AR、视频、音频、动画、线上资源、仿真训练等多种资源于一体的海船船员培训合格证立体化教材,将课堂理论教学与实训实习等环节有机结合起来,丰富了教学内容。本书的立体化教学资源开发,得到了中国海事服务中心王希行船长、大连海事大学任鸿翔教授和段雅婷博士、福建船政交通职业学院李翼副教授和张明船长等的鼎力帮助,在此表示衷心的感谢。

需要说明的是,本书中每一个立体化教学资源均对应一个二维码,读者可以采用微信扫码的方式来使用资源(本书一书一码,需要刮开封底二维码涂膜,微信扫描并注册成功后方可使用),也可以PC端登录http://www.vrship.vip网站获得更好的交互体验(首次访问网站时,需要刮开封底的验证码涂膜,在网站登录界面上输入8位验证码,注册成功后方可使用)。

航海科技日新月异,相关国际公约、各国法律法规、行业标准和规定也在不断进步和完善,本套教材未尽之处请广大同仁和读者批评斧正。

编者
2022年10月

# 目　　录

# 第一章
# 海上求生概述

## 第一节
## 海上运输风险

**【要点】**

海上运输存在特殊性。船舶在海上航行期间,难免会由于船员、船舶或外界环境等因素引发海上事故,给船员、船舶和海洋环境带来严重威胁。因此,为了保证船舶的营运安全,船员应了解和掌握海上运输过程中存在的风险。

**【必备知识】**

### 一、船舶事故

船舶事故是指船舶发生的各种事故,包括:

(1)碰撞(Collision):是指两艘或两艘以上在航船舶之间的相互接触,并有严重损坏发生的事故。

(2)抵碰(Striking):是指在航船舶与固定物体或不在航船舶之间相互接触,并有严重损坏发生的事故。

(3)搁浅(Stranding,Grounding):是指船舶与海底接触,并由于重力作用而固定在其接触的海底上。

(4)爆炸(Explosion):是指第一项灾情为爆炸的事故。

(5)火灾(Fire Accident):是指第一项灾情为失火的事故。

(6)漏沉(Sinking):是指水从船舶水线以下进入船内而导致的船舶沉没。

(7)灌沉(Foundering):是指因水从船舶水线以上部位灌入船内而导致的船舶沉没。

(8)倾覆(Capsizing):是指因船体破损或外力过大,造成船体失衡而翻转。

(9)冰损(Ice Damage):是指与冰接触而导致的船体损坏。

(10)损坏(Damage):是指船体或设备受到损坏,但残骸尚存。

(11)灭失(Loss):是指船舶残骸已不存在的船损。

(12)失踪(Missing):是指船舶因不明原因失去音信(常为60天以上)。

## 二、货物的损坏和灭失

(1)货物损坏:是指因变质、短量等造成的货物质量或数量上的变化。

(2)货物灭失:是指因泄漏、遗弃、抛弃、落水等而产生的货物损失,但正常的短量除外。

## 三、人员伤亡

(1)海上伤亡:人员在船上作业、自船上落下或与船舶或其构件接触而发生的受伤或死亡,统称为海上伤亡。

(2)死亡:包括失踪、当即死亡和治疗无效死亡。

(3)受伤:是指较严重的非经医学治疗不能康复的损伤。

## 四、环境和经济效益的损害

海洋环境污染包括陆源污染、船舶污染、海洋倾废污染以及由人类海底活动引起的污染,其中船舶污染是海洋环境污染的主要原因之一。船舶污染造成的损害除了环境损害外还包括经济效益的损失,具体体现在以下方面:

(1)造成海洋生物死亡或发生畸形,造成水产资源损害,破坏海洋的生态平衡。

(2)使得海洋食品中毒素不断聚集,危及人类的食物源,危害人类健康。

(3)造成浮游生物死亡,降低海洋吸收二氧化碳的能力,加速温室效应。

(4)妨碍人类包括渔业活动在内的各种海洋活动,影响对海洋的开发和利用。

(5)破坏海水品质,降低海水的使用舒适程度,造成旅游损失等。

## 五、海上险情

海上险情是指对海上人命安全、水域环境构成威胁,需立即采取措施控制、减轻和消除的各种事件。发生下列情况,可以认为发生了海上险情:

(1)人员落水;

(2)船舶(总吨位100以上)非故意擦底但未搁浅;

(3)船舶触碰海底电缆、海底管线或其他海底设备;

(4)与固定或非固定物体或船舶发生触碰;

(5)卷入碰撞险情中或紧迫局面;

(6)机械发生故障;

(7)货物移动或货物落水;

(8)船舶故意搁浅或抢滩以避免危险;

(9)危险品泄漏;

(10)当值人员因身体原因或精神原因不能履行职责。

**【思考题】**

简述海上运输风险的种类。

# 第二节

# 海上求生面临的主要危险

**【要点】**

当船舶发生海难事故时,弃船求生人员可能会遭遇溺水、暴露、晕浪、缺乏饮水和食物、受伤和疾病、遇险者位置不明等危险,产生悲观和恐惧情绪。了解这些危险,有利于船员克服求生过程中的危险和困难,以便最终获救。

**【必备知识】**

## 一、溺水

求生者落入水中,首先遇到的威胁是溺水。溺水又分为干性溺水和湿性溺水。干性溺水是指喉部痉挛导致的窒息,呼吸道和肺部吸入水很少或无水。湿性溺水是指水进入呼吸道,导致气管、支气管和肺泡壁损伤。

## 二、暴露

弃船后,求生者丧生的其中一个主要原因是求生者的身体暴露在寒冷之中,特别是暴露在温度极低的水中。水中的散热速度比陆地上的散热速度要快得多,因此,当人体浸泡在水中,尤其是浸泡在低温水中,人体热量会迅速地散失,致使人体在短时间内体温下降,求生者失去意识或昏迷,甚至死亡。另外,寒冷也会降低人的行动效率,使人的思维变得迟缓,并且严重影响人的求生意志。

人体暴露在寒冷的环境中,人体热量会很快地散失,造成身体组织冻伤,严重时会因体温下降得过快、过低而危及生命。人体暴露在酷热的环境中,会造成日光性的灼伤,体内水分的过快丧失也会引发中暑或器官衰竭。

## 三、缺乏淡水和食物

经验表明,人在有粮缺水时,只能够维持数天的生命;而在有水缺粮情况下,可生存数周。弃船求生时,由于救生艇筏上配备的淡水和食物是有限的,如果求生者长期待在救生艇筏上得不到及时援救,就会面临缺乏淡水和食物的危险。

## 四、遇难者位置不明

当船舶发生海难时,由于人员、设备或环境等致使未能将遇险信息及时有效地发送给附近的船舶、飞机或岸基,或受狂风、急流等恶劣天气影响,使得救生艇筏漂离出事地点,从而导致救生艇筏上人员没能采取合理有效的手段表明其所在位置而延误或失去获救的机会。

## 五、晕浪

弃船后,求生者在救生艇筏内晕浪也是经常遇到的难题,即使是航海经验丰富的海员也可能会有晕浪的不良症状。救生艇筏在海上漂泊经常会遭遇各种海浪袭击,由于救生艇筏体积较小,导致其在海面上剧烈地摇摆颠簸,必然会使救生艇筏上人员出现头晕、呕吐、面色苍白、疲劳、出冷汗、唾液分泌增多等晕浪症状。晕浪引起的过度呕吐不但会使人体大量失水,更严重的是晕浪还会使人精神萎靡,很容易动摇求生者的求生意志,甚至使求生者失去海上生存的信心。

## 六、受伤或疾病

若求生者在海上求生过程中受伤或患病,由于往往无法得到及时救护治疗,部分伤病人员会因此丧命,并且受伤和疾病更会严重地动摇求生者的求生意志。

## 七、悲观和恐惧

在海上求生中,由于求生者处在一种极其危险的环境中,他们会经历各种意想不到的困难。因此,求生者往往会产生各种悲观和恐惧,甚至是绝望的情绪。这种情绪会使人的思维混乱,失去为生存而斗争的力量和信心。因此,悲观和恐惧也是使求生者丧生的一个重要原因。

船员在海上求生过程中会遇到各种危险和困难,每一种危险或困难都可能会严重威胁求生者的生命安全。因此,船员应尽可能了解这些危险和困难,并运用所掌握的知识和技能勇敢地克服它们,增加获救的机会。

【思考题】
简述海上求生过程中面临的主要危险。

## 第三节
# 海上求生的要素

【要点】

当船舶发出弃船信号后,船员应利用救生设备离开难船,在海上漂浮待救,直至救援船舶或飞机赶到,最终脱险获救。在求生过程中,只有具备了一定的求生要素,并采取积极有效的行动,才能最终获救。海上求生要素主要包括救生设备、求生知识、求生意志等方面。

【必备知识】

## 一、海上求生

当船舶发生海难不得不弃船求生时,船员利用船舶配备的救生设备,运用海上求生的知识与技能,克服海上的危险与困难,延长海上求生的时间,直至脱险获救,这一过程称为海上求生。

## 二、海上求生训练的意义

海上求生的学习和训练,旨在提高船员的海上求生技能,增强船员的求生意志,更好地应对海上求生过程中的各种危险和困难。

通过海上求生训练,要使受训者达到如下目标:

（1）清楚地知道各种救生设备在船舶上的配置情况;

（2）熟练掌握船舶各种救生设备及其属具的正确使用方法;

（3）能正确进行船舶救生演习并掌握弃船求生信号;

（4）掌握弃船时应采取的措施;

（5）掌握海上漂流待救中的求生知识和技能以及被救助时的注意事项;

（6）了解和掌握荒岛求生常识;

（7）锻炼受训者海上求生的意志,增强海上求生时的生存信心。

### 三、海上求生的要素

**1. 救生设备**

救生设备是海上求生人员赖以生存的必要条件。如果没有救生设备，那么在茫茫大海中得救生还的希望显然是十分渺茫的。发生海难时，如果拥有合适的救生设备并能正确使用，那么生存的机会就会大大增加。因此，救生设备被称为海上求生第一要素，它是海上求生过程中必要的物质基础。

常见的船舶救生设备主要包括救生艇、救助艇、救生筏、个人救生设备、视觉求救信号、应急通信设备等。

**2. 求生知识**

求生知识包括求生者使用救生设备及其属具的正确方法、弃船时每个人员的职责、应采取的相应措施和各种脱险办法，以及弃船后的正确行动、求生要领、救生艇航海常识、荒岛求生常识以及被救助时的行动和注意事项等。它是海上求生过程中能否获救的基本条件。

**3. 求生意志**

在海上求生过程中，除了必要的救生设备与求生知识外，坚定的求生意志是另一个重要因素。经验表明，坚定的求生意志和信念有时候比身体素质更为重要，求生者在任何时候都不能放弃脱险获救的信念，直至获救成功。

海上求生过程中，求生的三个要素并非完全孤立存在，而是有着密切关系的，它们相互依存，相互作用，在整个求生过程中缺一不可，否则就难以获救。

### 四、海上求生的原则

当船舶发生海难不得不弃船进行海上求生时，应遵循如下原则：

(1)注意自身保护；

(2)保持救生设备在遇难船舶附近海域等待救援；

(3)合理使用淡水和食物；

(4)保持坚定的求生意志和信念。

**【思考题】**

1. 简述什么是海上求生。

2. 简述海上求生的要素。

# 第二章
# 船舶救生设备

 第一节

## 船舶救生设备的种类及基本要求

【要点】

为了保证船员和旅客的生命安全,船舶必须按照《国际海上人命安全公约》(The International Convention for the Safety of Life at Sea, 简称《SOLAS 公约》)、《国际救生设备规则》(International Life-saving Appliances Code,简称《LSA 规则》)和其他相关规范的要求配置各类救生设备。一旦出现紧急情况需要弃船求生时,船上人员可以利用这些救生设备撤离难船,进行海上求生活动。

【必备知识】

### 一、船舶救生设备的种类

船舶救生设备是为救助落水人员或当船舶遇险时撤离乘员而在船上设置的专用设备及其附件的总称。

根据《SOLAS 公约》要求,船舶配备的救生设备主要有救生艇、救助艇、救生筏、个人救生设备、视觉求救信号、应急通信设备、抛绳设备以及海上撤离系统等。其中,个人救生设备包括救生衣、救生圈、救生服、抗暴露服以及保温用具等。

### 二、救生设备的基本要求

根据《SOLAS 公约》要求,船舶所配备的救生设备应满足如下要求:

（1）救生设备应以适当的工艺和材料制成。

（2）在气温-30～+65 ℃的范围内存放不致损坏。对于个人救生设备,除非另有具体规定,否则应在-15～+40 ℃的气温范围内仍然可用。

（3）如救生设备在使用时可能浸没在海水中,则应在-1～+30 ℃的海水温度范围内可用。

（4）能防腐烂,耐腐蚀,并不受海水、油类或霉菌侵袭的过度影响。

（5）若暴露在日光下,能抗老化变质。

（6）救生设备应为国际橙色或鲜艳的橙色,或者在有助于海上寻找的部位涂上鲜明易见的颜色。

（7）在有利于探测的位置张贴逆向反光材料。

（8）如必须在风浪中使用,则能在该环境中令人满意地工作。

（9）清晰地标示出批准的资料,包括批准的主管机关及任何操作限制。

（10）如适用,应提供短路电流保护以防设备损坏或人员受伤。

（11）一切救生设备在船舶离港前以及整个航行过程中均应处于随时可用状态。

**【思考题】**

1. 简述船舶救生设备的种类。

2. 简述救生设备的一般要求。

# 第二节

# 救生艇筏和救助艇

**【要点】**

救生艇筏和救助艇是船舶配备的大型救生设备,具有载员多、属具备品齐全、施放快速、操纵简捷、安全性高等特点。弃船后,它们能保证求生者较长时间地进行海上自救或待救,是船舶必备的有效脱险工具之一。

**【必备知识】**

## 一、救生艇(Lifeboat)

救生艇是一种具有一定浮力、强度、航速,能搭载一定数量的人员,属具备品比较齐全的刚性小艇,是一种非常有效的脱险工具。救生艇的主要作用是当船舶遇险时,帮助船员、旅客脱险于难船,以便在海上进行求生活动,保障船员、旅客的生命安全。

**1. 救生艇的种类**

按照结构形式不同,救生艇可分为开敞式救生艇、部分封闭式救生艇和全封闭式救生艇三种。

(1)开敞式救生艇

如图2-2-1所示,开敞式救生艇是指一种在艇缘以上部分没有固定刚性顶篷装置的救生艇。开敞式救生艇上层比较宽敞,人员登乘和在艇内活动非常方便,操作简便,视野较好。但由于其没有顶篷装置,求生者会完全暴露于自然环境中,天气炎热时易受到烈日暴晒,发生中暑和日晒病;遇到风雨、海浪时,求生者就会受到海水的侵袭;当处于寒冷或潮湿的环境时,求生者易受到寒冷的侵害。

图2-2-1　开敞式救生艇

(2)部分封闭式救生艇

如图2-2-2所示,部分封闭式救生艇是指在艇首和艇尾各有不少于艇长20%的固定的刚性顶盖、中间设有可折顶篷的救生艇。此类救生艇的出入口较全封闭式救生艇大,在正常情况下登乘时,可方便较多人员从一舷或两舷出入口同时登乘。可折顶篷连同刚性顶盖形成了一个能挡风雨的遮蔽空间,使艇内人员免受风雨、海浪的侵袭和烈日的暴晒。艇首、尾部的出口及两舷的可折式出入口,在开启时可用来通风,关闭时能防止海水和寒气侵入。这种救生艇既保留了开敞式救生艇的优点,又克服了人员完全暴露在自然环境中的缺点。只是这种救生艇翻覆后艇内人员的出逃不如开敞式救生艇方便。

图2-2-2　部分封闭式救生艇

(3)全封闭式救生艇

如图2-2-3所示,全封闭式救生艇是一种在救生艇的上部设有封闭的固定刚性顶篷装置的救生艇。为方便艇员出入救生艇,全封闭式救生艇两舷及首、尾部设有内外能开启和关闭的通道盖。关闭通道盖能够保障救生艇具有良好的水密性和艇内隔热保温性。另外,有的全封闭式救生艇还具有洒水降温、自供气体或者自行扶正功能。

图 2-2-3 全封闭式救生艇

**2. 救生艇的存放**

救生艇通常存放在船舶的两舷或船尾,并尽可能靠近起居处所和服务处所,便于船员和旅客的登乘。同时救生艇附近设有集合站,能容纳在此处集合的所有人员。另外,集合站以及通往集合站的通道、楼梯和出入口等处设有应急照明灯及指引标志。

**3. 救生艇的配备**

(1)客船

①从事非短程国际航行的客船应配备符合《LSA 规则》所要求的部分封闭式或全封闭式救生艇,其在每舷的总容量应该能够容纳不少于船上人员总数的50%。主管机关可以允许以相等总容量的救生筏来代替救生艇,条件是船舶每舷应配备足够容纳不少于船上人员总数 37.5% 的救生艇。

②从事短程国际航行且符合特种分舱标准的客船应配备符合《LSA 规则》所要求的部分封闭式或全封闭式救生艇,其总容量至少能容纳船上人员总数的30%。救生艇应尽可能等量分布在船舶各舷。

③从事短程国际航行而不符合特种分舱标准的客船,其救生艇及救生筏的配备与从事非短程国际航行的客船相同。

(2)货船

①船舶每舷应配备 1 艘或多艘符合《LSA 规则》所要求的全封闭式救生艇,其总容量应能容纳船上人员总数。

②货船可配备 1 艘或多艘符合《LSA 规则》所要求的能在船尾自由降落的救生艇,其总容量应能容纳船上人员总数。

③对于运载散发有毒蒸气或毒气的货物的化学品液货船和气体运输船,应配备符合《LSA 规则》所要求的具有空气维持系统的救生艇。

④运载闪点不超过 60 ℃(闭杯试验)货物的油船、化学品液货船和气体运输船应配备符合《LSA 规则》所要求的耐火救生艇。

**4. 救生艇的属具**

救生艇的属具备品应以适宜的方式系固于救生艇内,且不应妨碍任何弃船操作。除另有说明以外,船舶救生艇的属具应包括:

(1)除自由降落救生艇以外,足够数量的可浮桨供在平静海面划桨前进。

(2)带钩艇篙 2 支。

(3)可浮水瓢 1 个,水桶 2 个。

(4)救生手册 1 本。

(5)具有发光剂或适当照明装置的操舵罗经 1 个。

(6)海锚 1 个,配有浸湿时还可以用手紧握的耐振锚索 1 根。

(7)艏缆 2 根,艏缆长度不小于从救生艇存放位置至最轻载航行水线距离的 2 倍或 15 m,取其长者。

(8)太平斧 2 把。

(9)每个乘员 3 L 的淡水。

(10)附有短绳的不锈钢水勺 1 个。

(11)不锈钢饮料量杯 1 个。

(12)额定乘员每人不少于 10 000 kJ 热量的口粮。

(13)火箭降落伞火焰信号 4 支。

(14)手持火焰信号 6 支。

(15)漂浮烟雾信号 2 支。

(16)适于发莫尔斯信号的防水手电筒 1 只,连同备用电池 1 副及备用灯泡 1 只,装在防水容器内。

(17)日光信号镜 1 面。

(18)救生信号图解说明表 1 张。

(19)哨笛或等效的音响号具 1 个。

(20)急救药包 1 套。

(21)每人配有 48 h 用量的防晕船药和清洁袋 1 个。

(22)以短绳系于艇上的水手刀 1 把。

(23)开罐头刀 3 把。

(24)系有长度不少于 30 m 浮索的可浮救生环 2 个。

(25)手摇水泵 1 个。

(26)钓鱼用具 1 套。

(27)能对发动机及其附件做小调整的足够数量的工具。

(28)适用于扑灭油类火的认可型可携式灭火器 1 具。

(29)探照灯1盏,其垂直和水平扇面至少为6°,所测的光强为2 500 cd,连续工作不少于3 h。

(30)雷达反射器1具。

(31)足供不少于救生艇额定乘员10%的保温用具或2件,取其大者。

(32)如主管机关考虑该船所从事的航行性质与时间,认为口粮和钓鱼用具为不必要者,可准予免配。

## 二、救助艇(Rescue Boat)

救助艇是为救助遇险人员和集结救生艇筏而设计的艇。为了满足救助遇险人员的特性,救助艇通常具有良好的机动性能和操纵性能,并配有相应的救助设备。若船舶所配备救生艇的性能符合救助艇的要求,可将救生艇作为救助艇使用。

### 1. 救助艇的种类

按照建造材料划分,救助艇可分为刚性救助艇、充气式救助艇和混合式救助艇三种。

(1)刚性救助艇

如图2-2-4所示,刚性救助艇是指由玻璃纤维增强塑料与不饱和聚酯树脂黏合而成的刚性材料制成的救助艇,目前海上船舶配备较为普遍。救助艇的内壳与外壳间充满了聚氨酯泡沫,提供给救助艇足够的浮力。

图2-2-4　刚性救助艇

(2)充气式救助艇

如图2-2-5所示,充气式救助艇是指由橡胶材料制成若干独立且体积大致相等的浮力胎,并且配备艇外发动机的救助艇。

图 2-2-5 充气式救助艇

（3）混合式救助艇

如图 2-2-6 所示，混合式救助艇是指艇体材料中既有刚性材料又有橡胶材料的救助艇。

图 2-2-6 混合式救助艇

**2. 救助艇的存放**

与重力式救生艇相同，救助艇通常也存放在船舶的两舷侧，并尽可能靠近起居处所和服务处所的位置，附近应有较宽敞的集合场地，便于船员和旅客登乘。

**3. 救助艇的配备**

根据《SOLAS 公约》要求，救助艇的配备要求如下：

（1）货船应该至少配备 1 艘救助艇。

（2）总吨位 500 及以上的客船每舷至少配备 1 艘救助艇；总吨位 500 以下的客船至少配备 1 艘救助艇。

需要注意的是，若救生艇符合救助艇的要求，也可以将此救生艇作为救助艇使用。

### 4. 救助艇的配备

救助艇的属具应包括:

(1)足够数量的可浮桨或手划桨,以供在平静海面划桨前进。每支桨应配齐桨架、桨叉或等效装置。桨架或桨叉应以短绳或链条系在艇上。

(2)可浮水瓢1个。

(3)罗经柜1具,内装有涂有发光剂或具有适宜照明装置的有效罗经。

(4)海锚1个和配有足够强度锚索的收锚索(如设有)1根,其长度不应小于10 m。

(5)足够长度和强度的艏缆1根,附连在脱开装置上,并设置在救助艇的前端。

(6)长度不小于50 m的可浮索1根,具有足够符合拖带救生筏要求的强度。

(7)可以发莫尔斯信号的防水手电筒1只,连同备用电池1副及备用灯泡1个,装在防水容器内。

(8)哨笛或等效的音响号具1个。

(9)急救药包1套,置于用后可盖紧的水密箱内。

(10)系有长度不少于30 m浮索的可浮救生环2个。

(11)探照灯1盏,其垂直和水平扇面至少为6°,所测得的光强为2 500 cd,连续工作不少于3 h。

(12)雷达反射器1具。

(13)足供10%救助艇额定乘员使用的保温用具或2件,取其大者。

(14)适用于扑灭油类火的认可型可携式灭火器1具。

(15)除上述要求的属具外,每艘刚性救助艇还应配备以下属具:

①带钩艇篙1支。

②水桶1个。

③小刀或太平斧1把。

(16)除上述要求的属具外,每艘充气式救助艇还应配备以下属具:

①可浮安全小刀1把。

②海绵2块。

③有效的手动充气器或充气泵1个。

④修补破洞的修补工具1套。

⑤安全艇篙1支。

## 三、救生筏(Liferaft)

救生筏是指弃船求生时供人员逃离难船或海上求生待救时使用的一种专门筏体。

**1. 救生筏的种类**

按照建造材料划分,救生筏通常可分为刚性救生筏和气胀式救生筏。按照降放方式不同,救生筏可分为抛投式救生筏和吊放式救生筏。

(1)刚性救生筏

刚性救生筏的四周通常采用镀锌铁皮、铝合金板、不锈钢板或硬塑料类材料制成若干个联体空气箱作为其主体浮力部分,然后外覆盖阻燃材料;筏的顶部设有固定式刚性顶篷和出入口,筏的底部为木质花格板。其平时固定存放在船舷边斜面滑架上或驾驶台甲板处,施放时打开滑架固定钩,救生筏便由滑架自行滑落下水或是用吊筏架施放下水。

由于刚性救生筏体积重量较大,存放及维护等方面不如气胀式救生筏方便,故目前已极少使用。

(2)气胀式救生筏

气胀式救生筏的主要制造材料为橡胶和尼龙布,救生筏的上、下两浮胎或篷柱由橡胶材料制成,其上遮盖尼龙布做成的篷帐。应急时,可以通过开启救生筏配备的二氧化碳钢瓶,完成救生筏的充胀成型。

图 2-2-7 所示为抛投式气胀救生筏;图 2-2-8 所示为吊放式气胀救生筏。

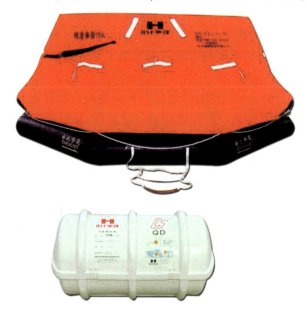

图 2-2-7 抛投式气胀救生筏

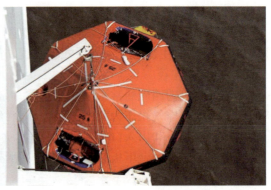

**图 2-2-8 吊放式气胀救生筏**

**2. 救生筏的存放**

气胀式救生筏通常存放在船舶两舷侧的存放筒内。

**3. 救生筏的配备**

(1)客船

①国际航行的客船应配备吊放式救生筏,其容量至少能够容纳船舶总人数的 25%。

②总吨位 500 以下且船舶总人数不超过 200 人的客船,每舷配备救生筏的总容量能容纳船上总人数的 100%;如果所配备的救生筏不能从一舷转移至另一舷使用,则每舷配备救生筏的容量应满足船上总人数的 150%。

(2)货船

①船长不小于 85 m 的货船,每船配备救生筏的总容量能容纳船上总人数的 100%。如果救生筏不能从一舷转移到另一舷使用,每舷配备的救生筏应该能容纳船上总人数的 100%。

②对于船长小于 85 m 的货船(液货船、气体运输船除外),每舷配备救生筏的容量为船上总人数的 100%,如果不能够舷对舷地转移使用,则每舷应该配备船上总人数的 150%。

③对于当船长大于 100 m 的货船,应该在船首附近,额外配备一只救生筏。必要时,在船尾也可以配有一只同样的救生筏。

**4. 救生筏的属具**

(1)系有不少于 30 m 长浮索的可浮救助环 1 个。

(2)装有可浮柄的非折叠式小刀 1 把,系以短绳并存放在顶篷外面靠近艏缆与救生筏系连处的袋子内。另外,乘员定额为 13 人或 13 人以上的救生筏应加配一把不必是非折叠式的小刀。

(3)乘员定额不超过 12 人的救生筏配有可浮水瓢 1 只。乘员定额为 13 人或 13 人以上的救生筏可配有可浮水瓢 2 只。

(4)海绵2块。

(5)海锚2只,每只配有耐震锚索及收锚索各1根,其中1只海锚备用,另1只固定地系于救生筏上,其系固方法应使海锚在救生筏充气或到水面时,总是使救生筏以非常稳定的方式顶风。

(6)可浮手划桨2支。

(7)开罐头刀3把和剪刀1把

(8)急救药包1套,置于用后可盖紧的防水容器内。

(9)哨笛或等效的音响号具1只。

(10)火箭降落伞火焰信号4支。

(11)手持火焰信号6支。

(12)漂浮烟雾信号2支。

(13)可以发莫尔斯信号的防水手电筒1只,连同备用电池1副及备用灯泡1只,装在防水容器内。

(14)有效的雷达反射器1具,除非救生筏内存放有1只救生艇筏雷达应答器。

(15)日光信号镜1面,并标有与船舶和飞机通信的用法须知。

(16)印在防水硬纸上或装在防水容器内的救生信号图解说明表1份。

(17)钓鱼用具1套。

(18)总数为救生筏额定乘员每个人不少于10 000 kJ热量的口粮,口粮用气密包装保存并储存于防水容器内。

(19)防水容器数个,内装有总量为救生筏额定乘员每人1.5 L的淡水,其中每人所需的0.5 L可用2天内能产生等量淡水的海水除盐器来代替,或每人所需的1 L可用2天内能产生等量淡水的人工逆渗透除盐器来代替。

(20)不锈钢饮料量杯1个。

(21)救生筏额定乘员每个人配足够48 h用的防晕船药以及清洁袋1只。

(22)救生须知。

(23)紧急行动须知。

(24)足供10%的救生筏额定乘员使用的保温用具或2件,取其最大者。

在如上述属具配备的救生筏上,内装应急袋型号所要求的标志应该是印刷体大写罗马字母标明的"SOLAS A PACK"字样。

从事短程国际航行的客船,如主管机关在考虑到航程性质和时间后认为上述规定属具的全部项目不都是必要的,主管机关可准许这些船上所载的救生筏配备(1)~(6)、(8)、(9)、(13)~(16)、(21)~(24)所规定的属具,以及(10)~(12)规定的属具的半数。在这些救生筏上,内装应急袋型号所要求的标志应是以印刷体大写罗马字母标明的"SOLAS B PACK"字样。

凡适宜者,属具应该收存在容器内,如容器不是救生筏的整体部分或固定地附于救生筏上的,则容器应存放并系牢在救生筏内,并能在水面漂浮至少30 min不会损坏其内存属具。

**[思考题]**

1. 简述救生艇的分类、存放、配备及属具。

2. 简述救助艇的分类、存放、配备及属具。

3. 简述救生筏的分类、存放、配备及属具。

# 第三节

# 个人救生设备

**[要点]**

个人救生设备是指供个人使用的救生设备,主要包括救生衣、救生圈、救生服、抗暴露服以及保温用具等。根据公约要求,船员应了解并掌握个人救生设备的配备及使用方法。

**[必备知识]**

## 一、救生衣(Life Jacket)

救生衣是船上每人必备的个人救生设备。它穿着方便,能使包括处于昏迷状态人员在内的穿着者在水中自动处于安全漂浮状态,并保持穿着者脸部高出水面一定高度而不致灌水,以减少落水人员的体力消耗,并可减少体热的散失。

**1. 救生衣的分类**

救生衣的分类方法有很多,按其使用范围可分为航空救生衣、航海救生衣、水上运动救生衣和水上工作救生衣等;按其结构形式可分为背心式、套头式、连身式和腋下式等救生衣;按浮力材料可分为固有浮力式救生衣、气胀式救生衣和混合式救生衣三种。船用救生衣主要有固有浮力式救生衣和气胀式救生衣。为避免使用混乱,船舶配备救生衣的种类一般不超过两种。

(1)固有浮力式救生衣

如图 2-3-1 所示,固有浮力式救生衣一般是轻质固有浮力材料外包尼龙布制作成的。轻质固有浮力材料主要是以闭孔聚乙烯泡沫塑料为主,不仅能够提供较大的浮力,而且具有一定的柔软性。

**图 2-3-1 固有浮力式救生衣**

（2）气胀式救生衣

如图 2-3-2 所示，气胀式救生衣是利用救生衣内的充气室提供浮力的。这类救生衣按充气方式可分为以下三种：

①口吹气型气胀式救生衣：是由双层橡胶布或等效材料制作而成的。整个救生衣呈背心形状，分成左右两个互不相通的密封气室。胸前有两套胶管和口吹阀分别与左右两个气室相通，供充气时使用。

②半自动气胀式救生衣：由气室、机械充气装置、充气钢瓶等组成。

③全自动气胀式救生衣：由气室、钢瓶和自动充气装置组成。

**图 2-3-2 气胀式救生衣**

**2. 救生衣的性能要求**

(1)在平静的淡水中,能将筋疲力尽或失去知觉人员的嘴部托出水面至少120 mm,其身体向后倾斜并与竖直方向成不小于20°角。

(2)将水中失去知觉人员从任何位置转至嘴部高出水面姿势的时间不超过5 s。

(3)穿着者紧紧抓住救生衣从至少4.5 m高处跳入水中,或穿着者从至少1 m处手举过头顶跳入水中不致受伤,且救生衣不得脱落或损坏。

(4)船用救生衣应简便易穿,至少75%完全不熟悉救生衣的人员能在1 min内独自正确穿好救生衣;经示范后,所有人能在1 min内独自正确穿好救生衣。

**3. 救生衣的配备**

(1)货船

①船上每人应配备一件符合要求的救生衣。

②为值班人员和在远处的救生艇筏站配备足够的救生衣。供值班人员使用的救生衣应存放在驾驶室、机舱控制室和任何其他有人值班的地方。

(2)客船

①为每位乘客配备一件成人救生衣。

②儿童救生衣的配备数量至少为乘客人数的10%,且其两面均应明显地写上"儿童专用"字样。

③航程少于24 h的客船,婴儿救生衣的配备数量应为乘客总数的2.5%;航程超过24 h的客船,则为每个婴儿配备一件。

④此外,在客船甲板处的明显部位附加配备不少于船上总人数5%的救生衣。

**4. 救生衣的属具(图 2-3-3)**

(1)哨笛:每件救生衣应备有用细绳系牢的哨笛。

(2)救生衣灯:救生衣灯的颜色为白色,光强不小于0.75 cd,能持续使用至少8 h。如果该灯为闪光灯,则其闪光频率应为每分钟50~70闪。

图 2-3-3　救生衣的属具

**5. 救生衣的存放**

(1)救生衣存放在容易取用之处。船上的救生衣通常存放在旅客和船员住舱内的床头柜或衣柜里,以方便人员使用。

(2)为值班人员配备的救生衣直接存放在驾驶室、机舱控制室及其他有人值班的地点。

(3)客船附加配备的不少于船上人员总数 5%的救生衣应存放在甲板上或集合地点明显易见的地方,例如公共场所、集合地点或者介于两者之间的通道上。

**6. 救生衣的穿着**

(1)穿着前应仔细检查救生衣及其属具备品,确保浮块、外表面、连接扣、提拉装置、哨笛及救生衣灯等结构完好无损。

(2)确认救生衣的前后,然后将救生衣套在脖子上,调整前后浮块保证穿着舒适,调整救生衣的捆绑带保持前后平齐。

(3)然后将救生衣的上、下连接扣扣上,并适当调整松紧度。

(4)最后测试一下救生衣的哨笛,如果条件允许,还可以测试一下救生衣灯。

**7. 救生衣的管理**

(1)救生衣使用后应用淡水冲洗干净、晾干,并妥善保管于干燥、温度较低的地方。

(2)救生衣应防止被油类物质沾污。

(3)严禁随意将救生衣作为枕头、坐垫或其他用途使用,以免影响救生衣的浮力。

(4)做好日常检查保养工作,如发现救生衣及属具备品破损或丢失,应及时修补,严重时应及时更新。

(5)在救生衣的存放位置附近张贴明显的 IMO 标识。救生衣的 IMO 标识如图 2-3-4 所示。

成人救生衣

儿童救生衣

婴儿救生衣

图 2-3-4 救生衣的 IMO 标识

## 二、救生圈(Lifebuoy)

船用的救生圈是指采用轻质的固有浮力材料(如闭孔的泡沫塑料)制成的圆环状设备,是船舶必备的个人救生设备之一,主要用于救助落水人员,供落水人员在水中攀扶待救使用。禁止使用灯心草、软木刨片或软木粒作为浮力材料,也不允许使用充气形式的救生圈。

**1.救生圈的性能要求**

(1)救生圈一般为橙黄色或其他鲜明易见的颜色,外表面有反光带以及 4 根间距相等的扶手索。

(2)每只救生圈的内径不小于 400 mm,外径不大于 800 mm,并设有一根直径不小于 9.5 mm、长度不小于救生圈外径 4 倍的扶手索 1 根。

(3)每只救生圈的质量不少于 2.5 kg;如配有自发烟雾信号及自亮浮灯,用于快速抛投施放的,则质量不少于 4 kg。救生圈如图 2-3-5 所示。

图 2-3-5　救生圈

**2.救生圈的配备**

根据《SOLAS 公约》要求,救生圈的配备要求如下:

(1)客船(表 2-3-1)

表 2-3-1　客船救生圈的配备

| 船长(m) | 最少救生圈数(只) |
|---|---|
| $L<60$ | 8 |
| $60 \leqslant L<120$ | 12 |
| $120 \leqslant L<180$ | 18 |
| $180 \leqslant L<240$ | 24 |
| $L \geqslant 240$ | 30 |

**注**:长度为 60 m 以下的客船应配备不少于 6 只带有自亮浮灯的救生圈。

（2）货船（表 2-3-2）

表 2-3-2　货船救生圈的配备

| 船长（m） | 最少救生圈数（只） |
|---|---|
| L<100 | 8 |
| 100≤L<150 | 10 |
| 150≤L<200 | 12 |
| L≥200 | 14 |

### 3. 救生圈的属具

根据《SOLAS 公约》要求,部分船用救生圈还应配备一定的属具,以应对不同的险情。所配备的属具主要有 3 种:

（1）可浮救生索。船舶每舷至少配备一只附有可浮救生索的救生圈,其长度一般为 30 m,或是从船舶轻载水线至存放处距离的 2 倍,两者选其较大者。可浮救生索的一端系于甲板栏杆上,另一端则系于救生圈上。带可浮救生索的救生圈如图 2-3-6 所示。

图 2-3-6　带可浮救生索的救生圈

（2）自亮浮灯。每艘船舶应为至少总数一半的救生圈配备自亮浮灯,并均等地分布在船舶两舷,以便在夜间能显示救生圈及其使用者的位置,便于搜寻救助。自亮浮灯通过绳索与救生圈相连,平时将其倒置放在救生圈附近的夹架上。其内部设有一个水银开关,平时倒置时,此开关不导电,一旦将救生圈投入水中,自亮浮灯自动正浮于水面上,水银开关接通,发出白色闪光。带自亮浮灯的救生圈如图 2-3-7 所示。

图 2-3-7　带自亮浮灯的救生圈

　　(3)自发烟雾信号。每艘船舶驾驶室两侧各设有至少一个能快速释放的带自发烟雾信号的救生圈,如图2-3-8所示。烟雾信号平时用小绳与救生圈相连接,它的拉环则用小绳系固在船上。当抛投救生圈时,拉环随之被拉掉,烟雾信号随救生圈漂浮在水面上,并发出橙黄色烟雾,如图2-3-9所示。

图 2-3-8　带自发烟雾信号的救生圈

图 2-3-9　带自发烟雾信号的救生圈入水后发烟效果

**4. 救生圈的存放**

（1）救生圈应配备在船舶两舷易于取用之处，尽量布配在所有延伸至船舷的露天甲板上，且至少有一只应放在船尾附近。

（2）救生圈应能从存放地点随时取用，且不允许以任何方式永久系牢。

（3）可浮救生索、自亮浮灯和自发烟雾信号均应平均配置在船舶两舷、救生圈附近的栏杆或舷墙的存放架上，烟雾信号应易于从驾驶室释放。

**5. 救生圈的使用**

当有人员落水需要抛投救生圈时，抛投者应一只手握住救生索，另只一手将救生圈抛至落水者的下流方位。或者也可以将救生索系在栏杆上，两手同时抛投救生圈。有风无流时，则应抛至落水者的上风方位，以便落水者快速获取。

落水者迅速靠近救生圈后，应先抓住救生圈外侧的扶手索。待完全抓牢后，用手压住救生圈的一边使它竖起来，然后另一只手臂穿过救生圈，并将头部顺势穿过救生圈，最终将救生圈置于腋下。借助救生圈的浮力，落水者能够将身体直立于水中，等待救援。

**6. 救生圈的管理**

（1）每只救生圈应以粗体罗马大写字母标明其所属船舶的船名和船籍港。

（2）定期检查救生圈及其属具，确保其始终处于随时可用状态。检查及维护保养内容主要包括：救生圈有无变形或损坏，救生圈外表面颜色是否鲜艳、字迹是否清晰，扶手索及反光带是否完好。

（3）救生圈使用后应用淡水冲洗，置阴凉处晾干后放回原处。

（4）救生圈及其属具的存放处应张贴相应的 IMO 标识，如图 2-3-10 所示。

(a) 救生圈　　　　(b) 带可浮救生索
　　　　　　　　　　的救生圈

(c) 带自亮浮灯　　(d) 带自亮浮灯和自发
　　的救生圈　　　　烟雾信号的救生圈

**图 2-3-10　救生圈的 IMO 标识**

## 三、救生服(Immersion Suit)和抗暴露服(Anti-exposure Suit)

救生服又称浸水服,是供落水者在低温水中穿着以防止体热散失的保护服。通常救生服裤腿两侧加装限流拉链,以防止救生服内空气流动造成热量的散失。此外,为了便于水中拖带,救生服胸前还设有一个带有弹簧开关的连接环。

抗暴露服是供救助艇艇员和海上撤离系统人员使用的保护服。其虽然保温性能不如救生服,但活动性能较好,通常适用于穿着者在中等恶劣天气下进行救助作业。

救生服和抗暴露服如图 2-3-11 所示。

图 2-3-11　救生服和抗暴露服

**1. 救生服的分类**

(1)按热性能分类,救生服可以分为采用自然保温材料制成的救生服和采用非自然保温材料制成的救生服两类。

(2)按是否能够提供足够浮力,救生服也分为两类,能够提供足够浮力的救生服和不能提供足够浮力的救生服。其中,后者在穿戴完毕时,应在其外面加穿一件救生衣。

**2. 救生服和抗暴露服的性能**

(1)救生服

①结构性能:救生服应采用防水材料制成,遮盖除脸部以外的身体,其中手部可由永久性附连在救生服的独立手套来遮盖。

②简易性能:在没有其他人帮助的情况下,能在 2 min 内将救生服打开并穿好。

③活动性能:能够爬上、爬下高度至少为 5 m 的垂直梯子;能够进行短距离的游泳并登上救生艇筏。

④保温性能:采用非自然保温材料制成的救生服可以保证穿着者在温度为 5 ℃的平静水中待 1 h,体温降低不超过 2 ℃;采用自然保温材料制成的救生服可以保证穿着者在温度为 0~2 ℃的平静水中待 6 h,体温降低不超过 2 ℃。

⑤浮力性能:穿着救生服的人员在淡水中能在 5 s 内从脸部朝下姿势翻转成脸部朝上姿势。

⑥强度性能:穿着者自不小于 4.5 m 的高度处跳入水中,救生服不损坏或不位移,人员不受伤。

(2)抗暴露服

①结构性能:抗暴露服应采用防水材料制成,对全身提供保护。其中,手和头部可以由永久性附连的单独手套和头罩遮盖。

②活动性能:穿着者可以执行与弃船有关的任务,操纵救助艇;能够爬上、爬下高度至少为 5 m 的垂直梯子;至少能够在水中游 25 m 并能登上救生艇筏。

③浮力性能:每件抗暴露服可以提供至少 70 N 的固有浮力,并保证穿着者在淡水中从脸部朝下姿势翻转成脸部朝上姿势的时间不超过 5 s。

④强度性能:穿着者自至少 4.5 m 高度跳入水中,救生服不损坏或移位。

⑤其他要求:抗暴露服至少具有 120°的侧向视野,并配备 1 只装有可携式 VHF 电话的口袋。

**3. 救生服和抗暴露服的配备**

(1)除了一直航行于温暖气候航区的《SOLAS 公约》第Ⅸ/1 条规定的散货船外,船舶应为每个人配备一件符合要求的救生服。

(2)另外,为远离救生服存放处所的值班室或工作站配备足够的救生服。

(3)船舶应为被指派为救助艇员或海上撤离系统的工作人员每人配备 1 件符合要求的抗暴露服。

**4. 救生服的存放**

救生服应存放于易于到达之处,并保持随时可用状态。通常存放在船舶救生站和船员住舱内,并应在存放位置附近张贴明显的标志。

**5. 救生服的使用**

根据要求,在没有其他人帮助的情况下,能在 2 min 内将救生服打开并穿妥。穿妥后,测试所配备的哨笛和灯。如图 2-3-12 所示,具体穿着步骤如下:

(1)穿救生服之前首先应穿着适当的保暖衣服,不必脱下鞋子;

(2)打开救生服存放包,取出救生服,检查衣服是否完好,拉链是否损伤,否则不应使用;

(3)取出救生服,打开胸前的水密拉链,松开腿部的限流拉链;

(4)先穿下半身,而后收紧腿部的限流拉链或收紧扣;

(5)再穿上半身,戴上帽子,拉动水密拉链至脸部附近,扣好胸前连接扣;

(6)合上脸部挡浪片;

(7)如果需要,救生服外面加穿一件救生衣。

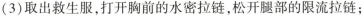

图 2-3-12　救生服的穿着

**6. 救生服和抗暴露服的管理**

(1)救生服和抗暴露服应避免接触酸性、碱性物质或其他有害物质。

(2)日常保养中,应经常用蜡或者无酸碱性油脂涂抹拉链部位,以保证其拉动时轻便灵活。

(3)救生服和抗暴露服使用后应用淡水清洗干净,置于阴凉干燥处晾干后,收回原处。

(4)在救生服和抗暴露服的存放位置附近张贴明显的标识。

(5)根据船级社或公司相关要求,定期完成救生服的压力试验或检测。

救生服和抗暴露服的 IMO 标识如图 2-3-13 所示。

图 2-3-13　救生服和抗暴露服的 IMO 标识

# 四、保温用具(Thermal Protective Aids,简称 TPA)

保温用具是指采用低热导率的防水材料制成袋子状或衣服状的救生用具,主要用于救生艇筏内遇险人员免受风雨和寒冷侵袭,或用于落水人员被救助后穿戴,以防止体温的下降。

**1. 保温用具的分类**

根据保温用具形状的不同,保温用具分为袋状保温用具和衣服状保温用具,如图 2-3-14 所示。

图 2-3-14 保温用具

**2. 保温用具的性能要求**

(1)保温用具应采用热导率不大于 7 800 W/(m² · K)的防水材料制成,其构造应能减少被包裹者热量的损失;

(2)能够对除了脸部之外的全身提供防护;

(3)应便于展开和穿着,可独自穿着,也可以由他人协助完成穿着;

(4)如保温用具妨碍游泳,则应使穿着者能在 2 min 内在水中将其脱掉;

(5)在气温 −30 ~ +20 ℃ 范围内保持正常功能。

**3. 保温用具的配备**

(1)每艘救生艇、救生筏和救助艇应配备额定乘员总数 10% 的保温用具或 2 件,取其大者。

(2)此外,还应为客船救生艇中没有配备救生服的每人配备 1 件保温用具,下列情况除外:

①救生艇为全封闭式或部分封闭式救生艇;

②船舶一直航行于公约规定的温暖气候区域。

**4. 保温用具的存放**

保温用具通常配备于救生艇筏和救助艇内,为防止其意外损坏,存放在较为结实的包装袋内。保温用具包装袋如图 2-3-15 所示。

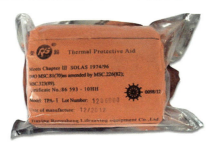

图 2-3-15 保温用具包装袋

**5. 保温用具的使用**

保温用具应便于展开和穿着,可独立穿着,必要时可由他人协助完成。保温用具的穿着步骤如下:

(1)穿着时,首先打开塑料包装袋,取出保温用具;

(2)找一相对平坦之处将其伸展开;

(3)拉开拉链,双脚分别伸到保温用具底部;

(4)戴上帽子,拉上拉链;

(5)收紧颈部锁紧绳,使面部暴露。

**6. 保温用具的管理**

应注意妥善保管保温用具,以免造成保温用具的撕裂、破损。通常保温用具保存在包装袋中,存放在救生艇筏和救助艇内。保温用具的 IMO 标识如图 2-3-16 所示。

**图 2-3-16　保温用具的 IMO 标识**

【思考题】

1. 简述救生衣的种类、配备、使用及管理。

2. 简述救生圈的配备、属具、使用及管理。

3. 简述救生服和抗暴露服的配备、使用及管理。

4. 简述保温用具的配备、使用及管理。

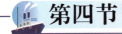

# 第四节

# 应急通信设备

【要点】

船舶应急通信设备主要有:紧急无线电示位标(EPIRB)、搜救定位设备、便携式甚高频双向无线电话设备(Portable Two-way VHF Transceivers)、通用报警系统(General Alarm System)和公共广播系统(Public Address System)等。其中搜救定位设备主要有搜救雷达应答器（Radar-SART）和自动识别搜救发射器（AIS-SART）。

【必备知识】

# 一、紧急无线电示位标（Emergency Position Indicating Radio Beacon，简称 EPIRB）

如图 2-4-1 所示，紧急无线电示位标是一种在船舶遇险时，用于发送遇险报警信号并能够指示位置的无线电设备。

图 2-4-1　紧急无线电示位标

**1. 紧急无线电示位标的工作原理**

船舶遇险时，船舶所载的 EPIRB 通过人工或自动启动的方式发出遇险报警的信号，将船舶的识别编码、日期、位置等信息上行发送至空中的搜救卫星；卫星再将这些信号下行传至地面接收站，经编码识别和位置确认后，再转发至任务控制中心（MCC）和搜救协调中心（RCC）；最后由搜救协调中心派出救援力量进行搜救工作。EPIRB 的功能示意图如图 2-4-2 所示。

图 2-4-2　EPIRB 的功能示意图

### 2. 紧急无线电示位标的配备及存放

根据《SOLAS 公约》的要求,每艘船舶应配备 1 台紧急无线电示位标。通常情况下,EPIRB 存放在船舶航行甲板(NAVI-DECK)两侧的舷墙或栏杆上。

### 3. 紧急无线电示位标的管理

(1)日常保养过程中要注意,EPIRB 应保持清洁、干燥,严禁涂刷油漆。

(2)至少每三个月要进行一次 EPIRB 的测试操作。

(3)每两年对 EPIRB 进行全面检查,包括检查维修电池,更换密封垫圈,检查水密性能等。

(4)应用图解说明 EPIRB 的使用方法,由专人管理和使用,并在 EPIRB 的存放位置张贴明显的 IMO 标识。EPIRB 的 IMO 标识如图 2-4-3 所示。

图 2-4-3　EPIRB 的 IMO 标识

## 二、搜救定位设备

搜救定位设备是指在遇险现场救援中,能够帮助救援力量快速地搜寻定位遇险人员的设备。根据工作方式的不同,搜救定位设备主要有搜救雷达应答器(Radar-SART)和自动识别搜救发射器(AIS-SART)。

### 1. 搜救定位设备的工作原理

搜救雷达应答器(Search and Rescue Radar Transponder,简称 Radar-SART)是一种被动触发的雷达信号发生器。当救生艇筏在海上漂浮待救时,启动 Radar-SART,此时设备处于待机状态。当周围有船舶或飞机靠近时,搜救雷达应答器就会被 X 波段雷达触发,并向外发出 12 个脉冲组成的特殊信号。这种信号作为回波被导航雷达收到后,便会在其屏幕上显示出沿半径方向的 12 个亮点,其中距离雷达中心最近的那个亮点就代表了搜救雷达应答器的位置,由此可判断出持有搜救雷达应答器的救生艇筏的方位和距离,便于迅速营救。Radar-SART 如图 2-4-4 所示。

图 2-4-4　Radar-SART

搜救雷达应答器的搜索与救助功能主要体现在以下两个方面：

（1）在救助船舶或直升机上的导航雷达探测脉冲作用下，Radar-SART 发射的信号能清晰准确地显示在救助船舶或直升机上的导航雷达荧光屏上；且随着救助船舶或飞机的靠近，在导航雷达荧光屏上显示的 Radar-SART 信号会逐渐加宽，最终信号加强为同心圆。

（2）Radar-SART 被导航雷达触发后能发出声响和灯光指示，使救生艇筏上的人员确信有救助船舶或直升机在靠近他们，且随着救助船舶或飞机的靠近，声响和灯光信号的频率会逐渐加快。

搜救雷达应答器特征信号如图 2-4-5 所示。

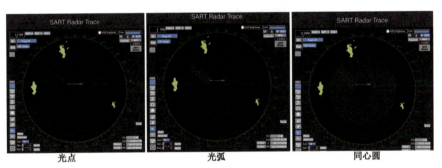

光点　　　　　　　　　　　光弧　　　　　　　　　　　同心圆

图 2-4-5　搜救雷达应答器特征信号

与搜救雷达应答器不同，自动识别搜救发射器（Automatic Identification System-Search and Rescue Transmitter，简称 AIS-SART）是一种能够主动发射信号的发生器。当船舶遇险时，自动识别搜救发射器开启就会自动发射设备的识别编码及位置信息，便于搜救飞机或附近船舶实时确定遇险船舶或救生艇筏的所在位置，开展救援行动。AIS-SART 如图 2-4-6 所示。

图 2-4-6　AIS-SART

**2.搜救定位设备的配备**

(1)客船和总吨位 500 及以上的货船,每舷应至少配备 1 台;

(2)总吨位 300 及以上但不足 500 的货船,应至少配备 1 台。

**3.搜救定位设备的存放及管理**

(1)搜救雷达应答器应存放在驾驶台内两侧的存放架上,存放位置处应有明显标志;

(2)应至少每月测试一次搜救定位装置。

搜救雷达应答器的 IMO 标识如图 2-4-7 所示。

图 2-4-7　搜救雷达应答器的 IMO 标识

# 三、便携式甚高频双向无线电话设备( Portable Two-way VHF Transceivers)

便携式甚高频双向无线电话设备是船舶配备的用于较短距离通信的设备,如:

(1)船舶内部通信,如船舶船头与船尾之间的通话;

(2)救生艇筏与本船间的通信;

（3）救助船舶或搜救飞机与难船或救生艇筏之间的搜救现场通信。

**1. 便携式甚高频双向无线电话设备的配备**

（1）客船和总吨位 500 及以上的货船应至少配备 3 台；

（2）总吨位 300 及以上但不足 500 的货船应至少配备 2 台。

**2. 便携式甚高频双向无线电话设备的存放及管理**

（1）确保船舶配备的便携式甚高频双向无线电话设备具备型式认可证书及产品证书，并妥善保管；

（2）便携式甚高频双向无线电话设备应存放在船舶驾驶室内，平时处于充电状态；

（3）在便携式甚高频双向无线电话设备存放位置张贴明显的标识；

（4）至少每月测试一次便携式甚高频双向无线电话设备。

便携式甚高频双向无线电话设备及其 IMO 标识如图 2-4-8 所示和图 2-4-9 所示。

图 2-4-8　便携式甚高频双向无线电话设备

图 2-4-9　便携式甚高频双向无线电话设备的 IMO 标识

## 四、通用报警系统和公共广播系统

通用报警系统是指船舶配备的能连续发出七个或以上的短声继以一长声组成的应急报警信号的设备。公共广播系统是指能向船员及乘客广播包括紧急信息在内的各类信息或发布紧急命令通知的设备。

**1. 通用报警系统和公共广播系统的配备**

（1）根据《SOLAS 公约》要求,总吨位 500 及以上国际航行的货船应配备一套通用报警系统。该系统通常由触发控制单元、船舶号笛或汽笛以及附加电铃或小型电振膜警笛或其他等效报警系统组成。

（2）此外,船舶通常配备一套公共广播系统,作为通用报警系统的补充,用以向船员或乘客说明所发布报警信号的含义,以及发布紧急通知或指挥命令等。

通用报警系统如图 2-4-10 所示。

**图 2-4-10　通用报警系统**

**2. 其他要求**

（1）通用报警系统被触发后应能连续发出七个或以上的短声继以一长声组成的应急报警信号,直至人工将其关掉或由于广播系统工作而暂时中止。

（2）除了鸣响船舶号笛外,通用报警系统应能自船舶驾驶室和其他要害位置（通常为消防控制站）被触发启动。

（3）在船舶实际运营中,除了上述应急报警信号外,多数船舶所配备的通用报警系统还可以通过人工手动控制的方式发送其他报警信号或应急信号,如人员落水应急信号、船舶火灾应急信号等。

【思考题】

1. 简述紧急无线电示位标的工作原理及配备。
2. 简述搜救雷达应答器的工作原理及配备。
3. 简述便携式甚高频双向无线电话设备的配备、存放及管理要求。
4. 简述通用报警系统及公共广播系统的相关要求。

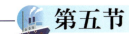 第五节
# 视觉求救信号

【要点】

根据《SOLAS 公约》要求,船舶和救生艇筏应配备一定数量的视觉求救信号。视觉求救信号的种类主要有:火箭降落伞火焰信号、手持火焰信号、漂浮烟雾信号、日光信号镜等。

【必备知识】

当船舶遇险时,可以利用船舶配备的视觉求救信号显示遇险船舶及救生艇筏的位置,便于搜救飞机及附近船舶的搜寻定位及救援工作。

船舶配备视觉求救信号的种类主要有:火箭降落伞火焰信号(图 2-5-1)、手持火焰信号(图 2-5-2)、漂浮烟雾信号(图 2-5-3)、日光信号镜(图 2-5-4)、防水手电筒等。为了能够最大限度地发挥视觉求救信号的作用,漂浮烟雾信号及日光信号镜应选择在白天使用;火箭降落伞火焰信号、手持火焰信号及防水手电筒应选择在夜间使用。

图 2-5-1 火箭降落伞火焰信号

图 2-5-2　手持火焰信号

图 2-5-3　漂浮烟雾信号

图 2-5-4　日光信号镜

# 一、视觉求救信号的种类及性能

## 1. 火箭降落伞火焰信号(Rocket Parachute Flare)

（1）火箭降落伞火焰信号的分类

根据触发方式的不同,火箭降落伞火焰信号通常可以分为压发式和拉发式两种。

（2）火箭降落伞火焰信号的性能要求

①火焰信号垂直发射的高度不小于 300 m；

②发出明亮红光，平均光强不小于 30 000 cd，燃烧时间不少于 40 s；

③降落速度不大于 5 m/s；

④燃烧时不损坏降落伞及其附件。

（3）火箭降落伞火焰信号的种类及使用

火箭降落伞火焰信号使用时应按其说明书及图解进行。

①如图 2-5-5 所示，压发式火箭降落伞火焰信号的使用方法如下：

a. 撕掉包装袋，取出火箭降落伞火焰信号，并保持外壳上的箭头方向朝上。

b. 打开火箭降落伞火焰信号的顶盖及底盖，露出底部的触发压杆。

c. 一手握住火箭信号，另一手的手掌托在压杆上，将火焰信号举过头顶。

d. 将压杆上推，双手迅速握紧火焰信号，火箭降落伞火焰信号很快就发射出去了。

**图 2-5-5　压发式火箭降落伞火焰信号的使用方法**

②如图 2-5-6 所示，拉发式火箭降落伞火焰信号的使用方法如下：

a. 撕掉包装袋，取出火箭降落伞火焰信号，并保持外壳上的箭头方向朝上。

b. 打开火箭降落伞火焰信号的顶盖及底盖，取出火焰信号下端的拉索。

c. 一只手握住火焰信号，将火焰信号举过头顶。

d. 另一只手拉动拉索，火箭降落伞火焰信号就发射出去了。

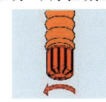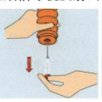

**图 2-5-6　拉发式火箭降落伞火焰信号的使用方法**

需要注意的是，释放火箭降落伞火焰信号时，应尽量用双手握住火箭筒体。如果触发 10 s 后火箭还没有发射，应将其抛入水中，以防发生危险。

**2. 手持火焰信号（Hand Flare）**

（1）手持火焰信号的分类

根据触发方式的不同，手持火焰信号通常可以分为擦发式、拉发式、击发式 3 种。

(2)手持火焰信号的性能要求

①发出明亮红光,平均光强不少于 15 000 cd;

②燃烧时间不少于 1 min;

③浸入 100 mm 深的水中 10 s 后,仍能继续燃烧。

(3)手持火焰信号的使用

手持火焰信号使用时应按其说明书及图解进行:

①擦发式手持火焰信号使用方法:

a.撕开防水袋,取出手持火焰信号,并保证其方向朝上;

b.打开手持火焰信号的顶盖及底盖;

c.一只手握紧火焰信号,另一只手用底盖里的擦头去擦火焰信号顶部,即可引燃火焰信号。

②如图 2-5-7 所示,拉发式手持火焰信号的使用方法:

a.撕开防水袋,取出手持火焰信号,并保证其方向朝上;

b.打开手持火焰信号下端的手持手柄;

c.打开手持火焰信号的顶盖,露出手动拉环;

d.拉动顶部的手动拉环,即可触发火焰信号。

图 2-5-7　拉发式手持火焰信号的使用方法

③击发式手持火焰信号的使用方法:

a.撕开防水袋,取出手持火焰信号,并保证其方向朝上;

b.打开手持火焰信号的顶盖;

c.将手持火焰信号下端手持部分转动一定角度,然后用力向上一推,即可触发火焰信号。

需要注意的是,燃放信号时应持握信号的下端,并将其伸出救生艇筏的舷外,有风天气时则应伸出下风舷外。另外,手持火焰信号燃放时会发出耀眼的光芒,应避免眼睛直视火焰信号。

### 3. 漂浮烟雾信号(Buoyant Smoke Signal)

(1)漂浮烟雾信号的性能要求

①在平静水面漂浮时,能均匀喷出鲜明易见颜色(通常为橙黄色)的烟雾;

②整个喷出烟雾期间,不喷出火焰,发烟持续时间不少于 3 min;

③在海浪中不会被淹没,浸入100 mm深的水中10 s后,仍能继续喷出烟雾。

(2)漂浮烟雾信号的使用

如图2-5-8所示,漂浮烟雾信号使用时应按其说明书及图解进行:

①撕开烟雾信号的防水袋;

②打开烟雾信号的盖子,露出手动拉环;

③拉掉拉环,触发烟雾信号;

④将烟雾信号抛入下风舷水中,让其发烟漂浮。

图2-5-8　飘浮烟雾信号的使用方法

### 4.日光信号镜(Daylight Signaling Mirror)

日光信号镜是遇险者利用光亮平面向经过的船舶或飞机发送求救信号的一种设备。它是救生艇筏中必配的一种属具。

如图2-5-9所示,日光信号镜的使用方法如下:

(1)左手拿镜子,光亮面对着飞机或船舶,观测孔放在眼前;

(2)右手拿着瞄准环,设法通过观测孔和瞄准环的孔看目标,并使观测孔周围的十字线和同心圆的阴影正落在瞄准环的孔周围,日光即能反射到目标上。

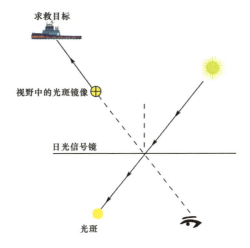

图2-5-9　日光信号镜的使用原理

**41**

## 二、视觉求救信号的配备及存放

视觉求救信号应按要求存放于船舶驾驶室的应变柜内或救生艇筏的属具备品箱内。视觉求救信号的配备如表 2-5-1 所示。

表 2-5-1　视觉求救信号的配备

| 信号 | 使用时间 | 信号名称 | 救生艇 | 救生筏 | 船舶 |
|---|---|---|---|---|---|
| 视觉信号 | 夜间用 | 火箭降落伞火焰信号 | 4 | 4 | 12 |
| | | 手持火焰信号 | 6 | 6 | |
| | | 防水手电筒 | 1 | 1 | |
| | 白天用 | 漂浮烟雾信号 | 2 | 2 | |
| | | 日光信号镜 | 1 | 1 | |

## 三、视觉求救信号的管理

(1)定期检查视觉求救信号,使其处于有效期限内,并保证信号设备处于随时可用状态。

(2)视觉求救信号的存放位置附近应张贴明显的标识。

火箭降落伞火焰信号的 IMO 标识如图 2-5-10 所示。

图 2-5-10　火箭降落伞火焰信号的 IMO 标识

【思考题】

1.简述视觉求救信号的种类。

2.简述火箭降落伞火焰信号的分类及性能要求。

3.简述手持火焰信号的分类及性能要求。

## 第六节
# 其他救生设备

**【要点】**

除了救生艇筏与救助艇、个人救生设备、应急通信设备、视觉求救信号外，救生设备类型还有抛绳设备及海上撤离系统等。

**【必备知识】**

## 一、抛绳设备(Line Throwing Appliance)

抛绳设备是一种在船舶遇险时，将一根细绳发射到岸上或其他船上的工具，主要用于遇险船舶、救生艇筏与救助船舶之间，或陆、岸之间，传递绳索、快速带缆，以便得到救助。

### 1. 抛绳设备的种类

如图 2-6-1 所示，抛绳设备主要有枪式抛绳设备和筒式抛绳设备两种。

枪式抛绳设备　　　　　　　　筒式抛绳设备

**图 2-6-1　抛绳设备**

### 2. 抛绳设备的配备及要求

船舶应配备发射不少于 4 次的抛绳设备，且具备以下性能要求：

(1)能相当精准地将绳抛射出去；

(2)在无风天气下至少抛射 230 m；

(3)每根抛射绳的破断强度不少于 2 kN。

### 3. 抛绳设备的使用

应按照设备使用说明书或图解正确操作抛绳设备，为获得尽可能远的抛射距离，发射船应位于上风。如遇油船，为保证安全，应从油船发射。抛绳设备操作的具体步骤如下：

（1）枪式抛绳设备

①取出并打开枪式抛绳设备的存放箱；

②取出抛射枪、抛射火箭以及一盒抛绳；

③找出抛绳的两个绳头，将抛绳的绳头与抛射火箭末端的眼环系牢，抛绳的末端与要传递的缆绳连好；

④然后将火箭插入枪筒的前端，并保持火箭的连接钢丝放在枪身下方；

⑤逆时针旋转抛射枪下端开关至"待发"状态，使抛射枪处于预备状态；

⑥抛射者应站在抛射盒的后方，枪口对准目标，水平仰角一般为30°左右，然后再次逆时针旋转抛射枪下端开关，即可发射火箭；

⑦待抛绳发射完毕后，利用抛绳在船舶之间或者船与岸之间传递和架设缆绳，运送人员或救生物资。

（2）筒式抛绳设备

①打开筒式抛绳设备的前、后盖；

②将抛绳的末端系固在船上；

③拔掉保险栓；

④双手紧握把柄，对准目标方向发射。

**4. 抛绳设备的管理**

（1）抛绳设备通常放置于船舶驾驶室或海图室内，并存放在防水的包装内。

（2）定期检查抛绳设备，确保抛绳设备的抛射药筒处于有效期内。

（3）抛绳设备的存放位置附近应张贴明显的 IMO 标识。船用抛绳设备的 IMO 标识如图 2-6-2 所示。

图 2-6-2　船用抛绳设备的 IMO 标识

## 二、海上撤离系统(Marine Evacuation System)

海上撤离系统是指将人员从船舶的登乘甲板迅速转移到漂浮的救生艇筏上的设备,通常布置于客船的两舷侧,便于船舶遇险时能够及时撤离乘客及船员。海上撤离系统可以为各种年龄、身材和体质的救生衣穿着者提供从登乘地点到漂浮平台或救生艇筏的安全通道。因此,它是乘客及船员由大船逃生至海上救生艇筏最好的连接体,是一种逃生的辅助设备。

### 1.海上撤离系统的分类

根据撤离方式的不同,海上撤离系统可分为滑道式撤离系统和槽座式撤离系统,如图2-6-3所示。

(1)滑道式撤离系统

滑道式撤离系统主要由充气滑道及登筏平台部分组成,在紧急情况下,只需要由一名船员操作,即可在甲板上启动整个撤离系统,使充气滑道及登筏平台相继成形,旅客可从甲板经充气滑道滑至水面的登筏平台,然后再进入登筏平台旁的气胀式救生筏内撤离难船。

(2)槽座式撤离系统

槽座式撤离系统的启动方式与滑道式撤离系统相同,不同的是在槽座式撤离系统的垂直筒内,是通过"之"字形的曲折结构或螺旋式的结构来控制滑行速度的。撤离系统内的旅客可以自己掌握下降的速度,这样不仅可以减轻他们的恐惧感,而且可以使旅客更加安全地到达登筏平台。

滑道式撤离系统　　　　　　　　　　　槽座式撤离系统

**图2-6-3　海上撤离系统**

### 2.海上撤离系统的配备及性能要求

(1)海上撤离系统的配备应满足能使所有人员在规定时间内撤离船舶。

①对客船而言,在发出弃船信号后30 min内从船上撤离到气胀式救生筏上;

②对货船而言,在10 min内从船上撤离到气胀式救生筏上。

(2)海上撤离系统应布置在能安全降落的位置,远离推进器及船体弯曲悬空部分,并尽量从船舷平直部分降落下水。

(3)海上撤离系统的登乘站和最轻载航行水线之间的船侧不得有任何开口,并应设有保护该系统免受任何突出物影响的设施。

(4)每一个海上撤离系统的存放应使其通道或平台,或其存放或操作装置,均不会妨碍任何其他救生设备在任何其他降落站的操作。

(5)海上撤离系统的存放不应妨碍任何其他救生设备的操作,并加以保护,防止巨浪对其造成损坏。

(6)人员能在蒲福风级为 6 级的海况下正常撤离。

**3. 使用注意事项**

海上撤离系统应由船舶指定人员施放,为保证迅速、安全、有效地利用该系统撤离难船,应做到:

(1)乘客及船员应穿好救生衣,在系统的登乘口处集合,并依次按顺序下滑。

(2)进入滑道前,应脱去鞋子及尖锐物品,以防损坏撤离系统。

(3)下滑时,应按照船员的指导,采取正确的姿势撤离。

(4)撤离人员顺利滑至登筏平台后,应尽快离开并登上救生筏,避免干扰其他人员撤离。

**4. 管理**

(1)如果船舶配备一个或多个海上撤离系统,至少 50% 的系统应在安装后进行试验布放,未试验的系统应在安装后的 12 个月内进行布放。

(2)海上撤离系统的撤离滑梯和登筏平台应存放在同一容器内,且在系统的存放位置附近张贴明显的标识。撤离滑梯的 IMO 标识如图 2-6-4 所示。

**图 2-6-4　撤离滑梯的 IMO 标识**

**[思考题]**

1. 简述抛绳设备的配备及使用。

2. 简述海上撤离系统的配备及使用注意事项。

# 第三章
# 应变部署和应变演习

## 第一节
## 应变部署表和应变部署卡

### 【要点】

为了能够较好地应对船舶营运过程中可能遇到的碰撞、火灾、搁浅、倾覆、漏沉等风险,每艘船舶开航前应制订相应的应急预案。预案中应明确标明应对紧急情况时船员的职责及任务分工。其中,船舶救生和船舶消防这两项应急行动预案合并后以表格的形式张贴告知船员,这个表格文件就是应变部署表。

### 【必备知识】

## 一、应变部署表(Muster List)

### 1. 应变部署表的概述

应变部署表是指在船舶上用表格形式表达的符合《1974 年国际海上人命安全公约》要求的船舶遇险时紧急报警信号及其全员的应变部署。

应变部署表是船舶应急组织的一种具体表现形式。为了提高应变部署表的实用性,每艘船舶应根据船舶配员、设备等情况编制应变部署表。

### 2. 应变部署表的内容

根据《海洋运输船舶应变部署表》(GB 17566—2021)的要求,货船应变部署表以船长为中心,全体船员分工配合,分成驾驶台、机舱,紧急报警信号,救生部署,消防部署,封闭处所进入与救助,备注栏等部分。

（1）驾驶台、机舱

①船长：总指挥。

②值班驾驶员：协助船长，瞭望，操作车钟，管理驾驶台仪器、设备及控制系统，包括火灾探测系统等。

③值班水手：联络传令，悬挂、施放信号，管理抛绳设备，施放带自发烟雾信号的救生圈，操舵，协助瞭望等。

④无线电操作人员（或指定的负责通信的驾驶员）：管理 GMDSS 设备，协助船长负责船内外通信联系，根据船长指示通知弃船集合地点。

⑤值班轮机员：管理操纵主机、副机和应急发电机、舵机和应急消防泵等。

（2）紧急报警信号

船舶的紧急报警信号是通过通用报警系统发出的。除了船舶号笛外，船舶通用报警系统必须能在船舶驾驶台和其他要害位置操作。全船所有起居处所及船员通常工作场所均能听到该系统的报警。船舶通用报警系统在启动后应能连续发出直至人工关闭或被公共广播系统的信息暂时打断。船舶紧急报警信号表如表 3-1-1 所示。

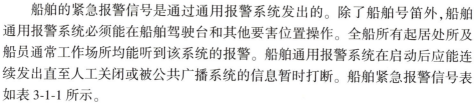

表 3-1-1　船舶紧急报警信号表

| 应急类型 | | 信号 |
| --- | --- | --- |
| 弃船报警 | | 七短声一长声，重复连放 1 min |
| 人员落水 | 人员落水报警 | 连续三长声 |
| | 人员右舷落水 | 连续三长声后一短声 |
| | 人员左舷落水 | 连续三长声后二短声 |
| 消防 | 消防报警 | 短声连放 1 min |
| | 船前部失火 | 短声连放 1 min 后一长声 |
| | 船中部失火 | 短声连放 1 min 后二长声 |
| | 船后部失火 | 短声连放 1 min 后三长声 |
| | 机舱失火 | 短声连放 1 min 后四长声 |
| | 生活区失火 | 短声连放 1 min 后五长声 |
| 解除警报 | | 一长声 |

**注**：短声是指历时 1 s 的汽笛声或铃声；长声是指历时 4~6 s 的汽笛声或铃声。

（3）救生部署

救生部署包括弃船救生动作、施放救生艇筏动作。具体内容包括：

①通过 MF/HF、VHF、Inmarsat 船站等发出遇险报警；

②关闭有关机器，操纵遥控阀门和开关；

③关闭水密门、泄水孔、舷窗、天窗和其他类似开口；

④携带、管理紧急无线电示位标；

⑤携带双向无线电话及应急备用电池；

⑥携带雷达应答器；

⑦携带船舶证书及重要文件；

⑧携带有关海图、国旗、航海日志、轮机日志、无线电记录簿、车钟记录簿或 VDR 数据存储器或相关自动记录；

⑨尽可能携带食品、药品和毛毯等生活必需品；

⑩根据船舶实际情况，完成救生艇、救助艇、救生筏的准备工作和降落。

**3. 应变部署表的要求及填写原则**

（1）三副应在船舶开航前完成应变部署表的编制工作，并经大副审核，船长批准签署后公布实施。

（2）应根据船员的职务（即适任能力）分配职责及任务，完成编制工作。

（3）为船员分配应急任务时，应尽可能与船员平时工作类似。

（4）应变部署表填写时可以遵循一人多职、一职多人的原则。

（5）如因船员变动等原因更改应变部署表时，应及时修订该表或编制新表。

**4. 应变部署表的张贴**

应变部署表应张贴在船舶醒目的位置，如驾驶台、机舱集控室、生活区走廊及其他公共处所等处。

## 二、应变部署卡（Emergency Card）

为了便于每位船员快速查看、掌握自己的应变岗位职责及任务，除了应变部署表外，船舶应为每位船员配备一张应变部署卡，放置于船员房间内明显位置处。

如表 3-1-2 所示，应变部署卡应由驾驶员按照应变部署表中对应任务，在开航前按要求将编号、姓名、职务、救生艇艇号、弃船等信息填写完毕，并告知船员本人。填写完毕后，如有变动，应重新填写。

表 3-1-2　船舶应变部署卡样表

| 应变部署卡<br>船名 M/V： | | | | |
|---|---|---|---|---|
| 编号： | | 姓名： | | 职务： |
| 艇号： | | 消防集合地点： | | |
| 消防 | 信号 | 短声连放一分钟,随后,一长声(船前部失火),二长声(船中部失火),三长声(船后部失火),四长声(机舱失火),五长声(上甲板失火) | | |
| | 任务 | | | |
| 弃船 | 信号 | 七短声一长声,重复连放一分钟 | | |
| | 任务 | | | |
| 人员落水 | 信号 | 连续三长声,随后,一短声(右舷落水),二短声(左舷落水) | | |
| | 任务 | | | |
| 封闭处所<br>进入与救助 | 信号 | 广播通知 | | |
| | 任务 | | | |
| 解除警报:一长声 | | | | |

【思考题】

简述应变部署表的内容及要求。

— 第二节

# 应变演习

【要点】

船员应定期进行救生演习等应变演习,以熟悉弃船应变程序,提升船员的应变技能,更好地应对船舶险情。

【必备知识】

## 一、应变演习的重要性

应变演习是确保船舶安全运营的重要措施,船舶应按要求定期开展应变演习。应变演习的意义主要包括:

（1）通过应变演习，船员可以熟悉应变演习流程，掌握应变演习过程中的职责及任务，提升应变技能。

（2）通过应变演习，可以验证应急预案的可行性，及时发现演习过程中的不足之处，不断改进应急预案，消除安全隐患，使应急预案更加符合实际应急应变的需求。

## 二、演习期限

（1）客船应每周举行一次救生演习和消防演习，并鼓励乘客积极参与。

（2）每位船员每月应至少参加一次救生演习和一次消防演习。

（3）若有25%以上的船员未参加该船前一个月的救生演习，则船舶应在离港后24 h内举行该项演习。

（4）当船舶在经过重大改装后首次投入营运或有新船员时，应在开航前进行救生演习。

（5）救生演习中施放救生艇筏的，应注意：

①每月演习时，应至少降放一艘重力式救生艇；

②每3个月至少完成一次重力式救生艇的降落及水中操纵演习；

③对于自由降落式救生艇，每3个月完成自由降落入水或辅助降放入水操作；

④不超过6个月完成救生艇的脱钩施放（可自由降落入水或模拟降落入水）。

## 三、救生演习程序

**1. 集合地点**

救生演习的集合地点应设在紧靠登乘地点的救生艇甲板处。通往集合与登乘地点的通道、梯口和出口应有能用应急电源供电的照明灯。

**2. 发出救生演习信号**

利用通用报警系统发出救生演习信号。

**3. 应变演习行动**

（1）在发出演习信号后2 min内，除固定值班人员外，其他所有船员应穿好救生衣并到达集合地点。

（2）艇长清点人数，检查各艇员是否携带规定应携带的物品，检查每人的穿着和救生衣是否合适，然后向船长汇报。

（3）船长宣布演习及操练内容。

（4）由两名艇员在5 min内完成登乘和降落准备工作。

（5）搭载所必需的最少额定人员，降下至少一艘救生艇。

(6)启动救生艇发动机。

(7)操作或演示施放救生筏等其他救生设备。

(8)介绍无线电救生设备的使用方法。

(9)演习结束后,船长发出解除警报信号,收回救生艇,整理好索具,并由艇长对演习进行讲评。

(10)最后将应变演习的基本情况记录在航海日志和相关记录本中。

**【思考题】**

简述救生演习的期限和演习程序。

# 第四章
# 弃船时的行动

## 第一节
## 弃船前的准备及行动

**【要点】**

当船舶遭遇险情时,船长及全体人员应尽最大努力进行抢救,减小财产损失和人员伤亡。如果经船员竭尽全力抢救仍然无法挽救船舶,且船上人员的生命安全面临巨大威胁,船长可以宣布弃船。

**【必备知识】**

### 一、弃船命令的发出

弃船是指船舶发生海难事故,经全力抢救仍无法挽救船舶,船上人员不得不主动撤离难船的行动。船长下达弃船命令前,应尽可能综合考虑以下情况,并征询主要船员的意见,最后征得公司的同意。

(1)海难事故的危险程度;

(2)抢救行动的有效性;

(3)船舶状况;

(4)气象和海况等周围环境状况;

(5)获得救助的可能性;

(6)本船救生设备的配备及性能情况。

经综合考量决定弃船求生后,船长应通过通用报警系统发出七短一长的弃船信号,并连续施放 1 min。

## 二、弃船前的准备

### 1. 加穿适当的衣服

船舶遇险无论是发生在热带水域还是在低温水中,求生者在离开难船前都不得脱掉衣服和靴鞋,应尽量多穿一些衣服,以防身体表面烧伤或者失热过快。尤其是在寒冷水域遇险,就更应注意多穿几层保暖性能好的衣服;里层最好选用羊毛织物,而外层则以厚实、防水的紧身衣物为最佳。另外,在寒冷的环境中更要戴手套、穿毛袜、戴毛线帽等,以防止体热迅速散失。如果在弃船时必须进入水中,最初遇到的"冷冲击"可使人员失去活动能力,甚至丧命。多穿着的衣服可以明显减小"冷冲击"的不利影响,而外层的防水衣服则可以完全防止"冷冲击"。多穿着的衣服还可以减少身体表面的热量消耗,延长人员在水中的待救时间。

没有救生衣或救生衣损坏时,上衣和裤子可能是求生者唯一可以使用的漂浮工具。即使登上救生艇筏等待救援,多穿些衣服也有助于获救。

### 2. 穿妥救生衣

求生人员穿好衣服后,应迅速穿妥救生衣或保温救生服。如果船舶配备气胀式救生衣,离开船舶之前不得给救生衣充气。充足气的救生衣会妨碍求生人员离开船舶,而且一旦划破气胀式救生衣,就会无法充气。然后尽快到指定的救生艇筏处集合。

### 3. 收集必需品

如时间允许,应尽量多收集必需品,做好在海上长时间等待救援的准备。必需品应包括但不限于下列物品:

①火箭降落伞火焰信号(存放于驾驶台的 12 枚);

②急救药箱及应急药物;

③衣物、救生衣、保温救生服;

④手电筒。

### 4. 多吃、多收集食物和淡水

虽然救生艇筏内已备有食物、淡水,但配备数量有限,因此在弃船登救生艇筏前应尽量多吃食物和多饮淡水,保持腹中饱暖,并多收集食物和淡水携带上救生艇筏。在海上求生,淡水最为重要,因此宜多收集为好。做好在海上长时间等待救援的准备。

### 5. 携带规定的物品尽快到达集合站

按照应变部署表的要求,携带航海日志、轮机日志、船舶证书及文件、国旗、现金及账册等贵重物品,EPIRB、SART 等设备,在应变信号发出后 2 min 内赶到集合地点。

### 6. 客船方面

对于客船,应考虑到乘客容易产生恐惧情绪,弃船求生时应采取合适的方式对乘客进行引导疏散。疏散时应遵循老人、妇女和儿童优先的原则,并按照乘客—普通船员—船长的顺序进行撤离。

【思考题】

简述弃船前的准备工作。

## 第二节

# 撤离难船的方法

【要点】

弃船命令下达后,船员应迅速做好各项准备工作,组织和引导乘客迅速到达指定的集合地点,准备离开难船。如有可能,应尽量避免与海水接触,保持"干身"离开难船。每位船员必须熟悉离开难船的方法。

【必备知识】

## 一、通过救生艇撤离难船

如果情况允许,船员和乘客应直接登上救生艇撤离难船,以避免跳入水后受到寒冷刺激的影响和发生其他意想不到的伤害。

发出弃船信号后,船员和乘客应穿妥救生衣,携带相应的物品,在 2 min 内到达集合地点。然后 2 人完成放艇前的准备工作,包括打开救生艇的稳索,吊升救生艇,打开安全栓,备妥艏缆等。艇员依次登艇后,系好安全带,然后将救生艇降放至水面。起动发动机,脱开前、后吊艇钩,脱开艏缆,就可以进行驶离难船。经救生艇离船如图 4-2-1 所示。

**图 4-2-1　经救生艇离船**

## 二、通过救生筏撤离难船

在无法通过救生艇脱离难船时,可以通过利用救生筏完成"干身"离船。由于货船和客船救生筏的配备类型有所差异,登乘方式也不尽相同。

**1. 货船**

货船通常配备抛投式救生筏,当弃船求生时,通常由 2 名船员完成救生筏的抛投施放操作,具体施放操作如下:

①打开救生筏静水压力释放器的滑钩,解开救生筏的捆绑带,如图 4-2-2(a)所示;

②将艏缆固定于舷边的羊角上,如图 4-2-2(b)所示;

③两人将救生筏抬起,完成救生筏的抛投入海,如图 4-2-2(c)和 4-2-2(d)所示;

④拉动艏缆,使救生筏充胀成形,如图 4-2-2(e)和 4-2-2(f)所示。

当救生筏充胀成形后,船员就可以通过布放登乘梯或者从低处登上救生筏。

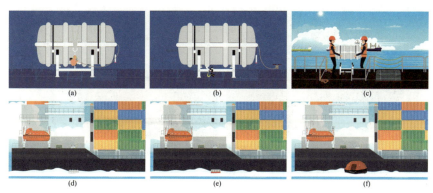

图 4-2-2　施放抛投式救生筏

（1）通过登乘梯登上救生筏

通常在救生筏附近配备登乘梯，施放救生筏后，可以布放登乘梯；然后船上人员就可以通过登乘梯登上救生筏。经登乘梯进入救生筏如图 4-2-3 所示。

图 4-2-3　经登乘梯进入救生筏

（2）通过舷边低处位置跳入救生筏

当布放的救生筏离船舷较低处较近时，船员在穿着救生衣的情况下，也可以通过舷边直接跳入救生筏内。需要注意的是，跳入救生筏时，应伸开手臂，胸部对着篷柱，尽可能脚掌先接触筏体。严禁从高处直接跳到救生筏。

**2. 客船**

（1）通过吊放方式离开难船

客船通常配备吊放式救生筏。当弃船求生时，可由船员利用船舶配备的专用降放装置将救生筏吊升，待充胀成型后将救生筏靠近登乘甲板。待乘客及船员登筏后，再利用降放装置将救生筏吊放至海面。艇内人员脱开吊放装置后就可以离开难船了。通过吊放式救生筏离船如图 4-2-4 所示。

**图 4-2-4　通过吊放式救生筏离船**

(2)通过海上撤离系统登上救生筏

对于配有海上撤离系统的客船,在弃船求生时,可由专人操纵布放海上撤离系统,然后集合乘客,检查穿妥救生衣且无尖锐物品后,指导乘客依次通过海上撤离系统撤离至登筏平台,再转移至救生筏内。待所有人员撤离后,切断救生筏与登筏平台的连接,就可以离开难船了。通过海上撤离系统登上救生筏如图4-2-5所示。

**图 4-2-5　通过海上撤离系统登上救生筏**

# 三、通过跳水方式撤离难船

当求生者不能通过登上救生艇筏实现"干身"离船时,就只能选择跳水离开难船,然后应尽快登上附近的救生艇筏中。

**1. 跳水前的检查**

在决定选择跳水离船后,应做好跳水前的检查工作,以保证求生者的安全:

(1)跳水高度不超过 4.5 m,应尽可能选择在低处舷边跳水;

(2)应选择在船舶上风舷跳水,并远离船舶的破损部分;

(3)确认穿妥并系牢救生衣;

（4）尽可能摘除眼镜、假牙、手表等物品，去掉钥匙、刀具等尖锐物品；

（5）待确认海面安全无障碍物后再按正确的姿势跳水。

**2. 掌握正确的跳水姿势**

船员跳水求生时应尽量选择头上脚下的"冰棍式"跳水方式，具体跳水姿势如下：

（1）穿妥救生衣后，选择低处舷边位置站好；

（2）深吸一口气，用一只手的虎口护住鼻腔、手掌护住口腔，注意不是捏住鼻子；

（3）另一只手绕过护住口鼻的手，抓牢救生衣上端，双臂在胸前交叉并抱紧救生衣；

（4）身体呈直立姿势，双脚并拢、两眼平视前方；

（5）跳水时可以选择迈步式（向前迈开一大步，重心前移，后脚跟上后并拢双腿）或跳跃式（微微屈膝跳出舷外，双腿并拢）入水。跳水离船如图 4-2-6 所示。

图 4-2-6　跳水离船

**3. 跳水后的注意事项**

（1）跳入水中后应尽快离开难船，游向周围的救生艇筏，并尽量减少在水中的浸泡时间。

（2）在附近没有救生艇筏时，应尽快寻找合适的漂浮物。

（3）不要做无谓的游泳和剧烈的活动，水中待救时，应尽量保持面部向上。

**4. 油火海面跳水求生及注意事项**

在跳水求生时，应特别注意船舶泄漏的燃油可能漂浮于海面，甚至发生起火的特殊情况。因此，当不得不进入油火海面或油污海面这两种危险海域时，应选择合适的方式入水并迅速脱离上述危险海域。

(1)跳水并游离油火海面

①入水位置应尽量选择油层较薄、火势较弱的海面;

②入水前,气胀式救生衣应保持未充气状态;若为固有浮力式救生衣,则入水前将救生衣系固在身上;

③深吸一口气,选择头上脚下的"冰棍式"跳水方式;

④入水后,采取潜泳的方式向上风方向游动;

⑤需要换气时,应先用手在头顶上方的海水临界面做圆周拨水动作,确无油火后方可抬头面向下风方向换气;

⑥依照上述潜泳换气方法,尽快游离油火海面;

⑦离开油火海面后,在水中穿妥救生衣。

(2)游离油污海面

①当不得不进入油污海面时,应尽可能避免高处跳水进入,应选择合适的方式保持身体,特别是头部始终处于海面之上;

②必要时,可以通过穿戴救生设备或借助其他漂浮物以提升身体高度。

**【思考题】**

简述撤离难船的方式。

# 第五章
# 水中的求生行动

## 第一节
## 人员落水后应采取的行动

### 【要点】

当船舶发生海难,船员不得不进行弃船求生时,应尽可能选择登上救生艇筏离开难船。如"干身"离船不可行,则应选择跳水离开难船。跳水离船后应迅速远离难船,并尽可能登上附近的救生艇筏。

### 【必备知识】

求生者跳水离开难船时,首先面临的危险是溺水。因此,求生者应尽快远离难船,登上救生艇筏或寻找漂浮物等待救援。

### 一、穿着救生衣在水中的行动

#### 1. 游泳并登上救生艇

求生者在水中应采取合适的游泳姿势游向救生艇,为避免换气时呛水,通常采用口吸鼻呼的方式。当游至救生艇附近时,迅速抓住救生艇四周的扶手绳,然后抓住艇缘用力蹬住救生浮索,使身体重心向上、向内倾斜,并顺势进入艇内。此外,艇内人员可以采用压舷、拖拽等方式辅助求生者登艇。

**2. 游泳并登上救生筏**

(1)扶正救生筏

当救生筏施放海面后呈倾覆状态时,求生者应采取合适的游泳姿势游至救生筏,将救生筏扶正。救生筏扶正的方式如下:

①求生者游至救生筏并抓住救生筏四周的扶手绳;

②判断风向,将安装救生筏充气瓶的一侧拉至下风侧;

③求生者攀爬至筏底,双手抓住筏底的扶正带,并将双脚立于装有钢瓶的下风一侧;

④身体下蹲并将整个身体向后仰,借助风的力量,救生筏就被扶正过来了;

⑤救生筏即将被扶正的瞬间,求生者双脚用力蹬筏底,身体后仰,采取仰泳方式迅速游离救生筏。

注意:扶正救生筏后,求生者未能及时游离救生筏也不必惊慌,可在救生筏扶正的瞬间,用双手在筏底推出一个空间,仰面朝上,借助此空间进行换气,然后深吸一口气,慢慢从筏底两侧游出。扶正救生筏如图 5-1-1 所示。

**图 5-1-1　扶正救生筏**

(2)登上救生筏

当求生者游至救生筏时,若救生筏呈正浮状态,则求生者可抓住其四周的扶手绳,慢慢游至救生筏的登筏平台或登乘梯处。

若从登筏平台处登筏,则求生者应一手抓住外侧扶手绳,另一手按住登筏平台,在水中用力蹬腿的同时,按住登筏平台的胳膊用力一撑,使得身体重心上移,然后抬起一只腿,用膝盖压在登筏平台上,再用按在登筏平台上的手抓救生筏内的扶手绳。求生者可以采用侧滚翻的方式滚入筏内,也可以将另一只腿抬起至登筏平台后,采用迈步式的方式进入筏内。经登筏平台登上救生筏如图 5-1-2 所示。

**图 5-1-2 经登筏平台登上救生筏**

若从登乘梯处登筏,则求生者应一手抓住外侧扶手绳,一手抓住登乘梯,待用脚踩住登乘梯后,将手松开然后去抓救生筏内的扶手绳,同时双脚交替向上,使身体重心逐渐向上,最后通过翻滚式或迈步式的方式进入筏内。

(3)被救助至筏内

当求生者无法自行登上救生筏时,可由筏内人员协助登筏。具体操作过程:

①待救助人员由初始的面向救生筏翻转身体变为背向救生筏;

②筏内两人分别用内侧手托住待救人员的腋下,外侧手尽可能抓住被救人员救生衣或衣服的下端处;

③筏内两人同节奏地按照"拉起—下压—拉起"的节奏一起用力;

④在第二次拉起的时候加大力气,将人员拉进筏内。

救助落水人员登上救生筏如图 5-1-3 所示。

**图 5-1-3 救助落水人员登上救生筏**

**3. 水中漂浮待救**

当附近没有救生艇筏时,求生者应避免不必要的游泳,尽量采取放松的姿态在水中漂浮待救。当附近出现救生艇筏或其他船舶时,求生者可以利用哨笛或借助救生衣的浮力将身体抬高,并挥动双臂吸引他人注意以获得救助。

## 二、未穿救生衣在水中的行动

**1. 游泳并登上救生艇或救生筏**

求生者未穿救生衣入水后,也应尽快游离难船并登上附近的救生艇或救生筏。游泳方式以及登乘方式与穿着救生衣的人员一样。

**2. 水中漂浮待救**

当附近没有救生艇筏时,求生者应避免不必要的游泳,尽可能寻找附近的漂浮物,或采取相对放松的姿态在水中漂浮待救。

(1)寻找漂浮物

未穿着救生衣的人员应尽量寻找附近散落的较大的漂浮物,并利用漂浮物使身体尽可能高出水面。

(2)制作临时浮具

如果附近没有任何漂浮物,求生者可以尝试利用外套、裤子等制作临时浮具,供求生者使用。利用裤子制作临时浮具的方法为:

①在水中脱下裤子;

②将两裤管扎紧;

③手持裤腰部分,使其迎风张开;

④待两裤管充满气后,立即扎紧裤腰;

⑤将制作好的临时浮具套在脖子上,使身体漂浮。

(3)仰浮

当没有可以利用的浮具时,落水人员可以采用仰浮的姿势在水中漂浮待救。仰浮如图 5-1-4 所示。

图 5-1-4　仰浮

由于海水的密度稍大于人体的密度,因此人会漂浮于海面之上。为了节省求生者的体力,求生者可以将身体仰浮于海面之上,并保持腹部挺起,头部略仰使嘴部露出水面。仰浮姿势可以最大限度地节省求生者的体力,以便延长待救时间或发现救生艇筏时有足够的体力游泳。

（4）防溺水姿势

当海面波涛汹涌，无法仰浮待救时，可以采用防溺水姿势漂浮于海面。具体操作如下：

①求生者深吸一口气，然后将面部浸入水中，身体呈放松姿态；

②做好换气前的准备工作，慢慢抬起双臂至与肩同高，双腿缓慢地前后分开；

③双腿前后交叉移动，双臂用力向水下压，同时将头部抬起，进行换气；

④换气后，重新将面部浸入水中，身体呈放松姿态。

防溺水方法如图5-1-5所示。

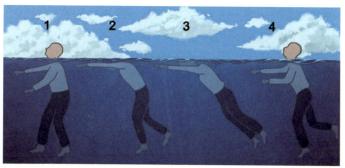

图 5-1-5 防溺水方法

当附近出现救生艇筏或其他船舶时，求生者应采取立泳姿势，并将双手举出水面摆动，当救生艇筏或船舶距离求生者1 000 m内，大声呼救才有效。除非过往船只已发现落水人员，并停船准备救援，否则求生者不应盲目追赶航行中的船舶。

【思考题】

1. 简述穿着救生衣的人员落水后应采取的行动。

2. 简述未穿着救生衣的人员落水后应采取的行动。

# 第二节

# 水中漂浮待救面临的危险

【要点】

当人员落水后，附近无救生艇筏时，应采用合适的方式在水中漂浮待救。在漂浮待救过程中,求生者可能面临诸多危险,了解和掌握这些危险有助于求生者克服困难,延长求生时间,并最终获救。

**[必备知识]**

## 一、肌肉痉挛及应对方法

长时间在水中活动可能引发肌肉发生强直性收缩,造成肌肉痉挛。肌肉痉挛不仅会影响求生者在水中的活动,而且容易使其产生恐惧和惊慌心理,进而影响其生命安全。

一旦发生肌肉痉挛,求生者应大声呼喊,设法得到其他人员的帮助。若周围没有其他人,求生者也应保持镇静,并尝试通过自救的方式缓解症状。

(1)手指肌肉痉挛应对方法:多次反复地"握拳—伸直—再握拳—再伸直"的方法可以有效缓解手指肌肉痉挛。

(2)手掌肌肉痉挛应对方法:将双手合掌后反复向左右两侧按压,即可消除肌肉痉挛。

(3)大腿前侧肌肉痉挛应对方法:使肌肉痉挛的腿尽量向后伸直,必要时可以用手抓住脚向后伸。

(4)大腿后侧肌肉痉挛应对方法:一只手按住膝盖,另一只手抓住脚趾,尽量向上抬起或双手抱住大腿使髋关节做局部屈曲动作。

(5)小腿前侧肌肉痉挛应对方法:用力向下按压同侧脚趾,以对抗小腿前面肌肉的强直收缩。

(6)小腿后侧肌肉痉挛应对方法:一只手按住膝盖,另一只手则抓住脚趾并用力拉向胸前位置,即可缓解痉挛。

## 二、低温效应及应对措施

### 1. 低温效应

由于水的导热速率是空气的 26 倍,因此,船舶发生海难后进行弃船求生时,应尽可能登上救生艇筏,避免进入冷水中。求生者不得不选择跳水离开难船时,应尽快登上附近的救生艇筏。否则,落水者由于较长时间地暴露在寒冷环境中,会出现身体热量逐渐散失而产生体温过低的现象,这就是低温效应。低温效应通常分四个阶段:冷冲击、游泳障碍、低体温症、浸没后虚脱。

(1)冷冲击

冷冲击是人体应对进入冷水的一种加快呼吸反应。冷冲击影响的严重程度与水的寒冷程度成比例。冷冲击持续时间为 1~3 min。

(2)游泳障碍

冷冲击后,人体表皮以下的肌肉、神经温度开始降低,造成四肢僵硬,游泳能力严重下降。水温越低,人员游泳能力下降越严重。游泳障碍大概持续 10 min。

（3）低体温症

随着浸没时间的延长,人体主要器官（心脏、脑等）的温度开始降低,当人体核心温度下降至 35 ℃ 以下时,人员就会患上"低体温症"。如图 5-2-1 所示,低体温症在不同阶段的症状表现如下:

①当体温下降到 35 ℃ 以下时,人就会患"低温昏迷";

②当体温下降到 31 ℃ 以下时,人就会失去知觉;

③当体温下降到 28 ℃ 以下时,人体出现血管硬化;

④当体温下降到 24~26 ℃ 以下时,人即发生死亡。

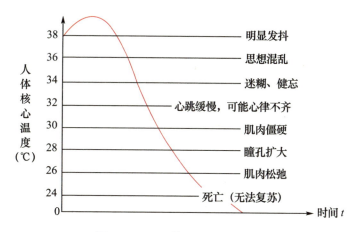

图 5-2-1　不同体温下的症状表现

（4）浸没后虚脱

低体温症严重破坏了求生者的身体机能,会引发血液循环障碍及心脏方面的问题。这使得落水人员在被救助前、被救助中及被救助后均有可能会发生心脏及血液循环方面的问题,最终导致落水人员死亡。

**2. 低温效应的应对措施**

（1）弃船求生时,尽可能选择登上救生艇筏离开难船。

（2）不得不选择跳水离船时,要多穿保暖衣服,并在外面加穿防水的衣服。

（3）如条件允许,加穿救生服或救生衣。

（4）入水前,禁止饮用含有酒精的饮料。

（5）入水时,尽量选择缓慢入水的方式,减小冷冲击的影响。

（6）落水后尽快搜寻并登上救生艇筏或其他漂浮物,以缩短浸泡时间。

（7）不应做不必要的游泳。

（8）为尽可能地保存体温,应采取 HELP（Heat Escape Lessening Posture）姿势（图 5-2-2）:双腿并拢并向腹部弯曲,两肘紧贴在身体两侧,两臂交叉抱紧救生衣,头部后仰,保持身体稳定地漂浮于海面。当落水人员较多时,可采用几人一组组成的 HUDDLE 姿势(图 5-2-3),在水中漂浮待救。

图 5-2-2　水中 HELP 姿势　　　　图 5-2-3　水中 HUDDLE 姿势

**3. 对低温效应患者的急救**

(1)自水中救助上来的患者,应用 TPA 将其包裹,避免其体温继续降低。

(2)对于轻症患者,则可以脱去患者全部湿衣服,换上干的衣物并裹上毛毯。

(3)对于症状稍重但有清醒意识的患者,将其浸泡(头部及四肢置于外面)在 45~50 ℃的热水浴盆中 10 min。浸泡后将其擦干,裹上被子保暖。

(4)对于处于半昏迷或完全昏迷状态的患者,应立即与船或岸上的医疗机构取得联系,以获得护理和转运遇险者的详细资料。

## 三、危险海洋生物的威胁

在海水中漂浮待救时,求生者可能会受到危险海洋生物的威胁。因此,了解一些危险海洋生物的知识是十分必要的。

**1. 鲨鱼**

(1)鲨鱼的习性

鲨鱼是海洋中最凶猛的动物之一,其种类繁多,全世界至少有 350 多种。鲨鱼具有如下习性:

①鲨鱼的身体坚硬,牙齿锋利,肌肉发达,游泳速度很快。

②鲨鱼的嗅觉器官发达,在海水中对气味(尤其是血腥味)特别敏感。

③鲨鱼的眼睛对反差强烈的物体(黑与白)极为敏感。

④鲨鱼的侧线系统比较发达,能感受周围压力场细微的变化。

⑤鲨鱼在全天各个时刻都会进食。大多数遭遇鲨鱼攻击的报告发生在白天,其中很多发生在下午的晚些时候。

大白鲨如图 5-2-4 所示,双髻鲨如图 5-2-5 所示。

图 5-2-4 大白鲨

图 5-2-5 双髻鲨

（2）预防鲨鱼袭击的措施

①减少反差：人员在入水前应穿好暗色手套、袜子，取下身上任何外露的反光物品，如手表、戒指及其他金属物，以防由于反差较大而引起鲨鱼的注意。

②避免产生气味：人员在海面漂浮待救时，注意自我保护，避免受伤出血；减少运动，避免出汗过多；同时避免小便。如果尿急，则采取少量多次排尿方式。

③减少振动：游泳等动作会导致周围压力的变化，容易被鲨鱼发达的侧线系统发现。

④制造声响：一旦发现鲨鱼逼近，可通过猛力拍击水面和急速打水等方式，迫使鲨鱼不敢靠近。

⑤攻击要害部位：如遇鲨鱼攻击，应手脚并用，攻击鲨鱼的鱼鳃或眼睛等处。

**2. 虎鲸**

如图 5-2-6 所示，虎鲸身长可达 9 m，身体呈蓝白色，是一种食肉动物，但通常只在一定的条件下才对求生者造成威胁，如有时会将救生艇筏碰翻。

图 5-2-6 虎鲸

**3. 鳐鱼**

如图 5-2-7 所示，鳐鱼身躯庞大，体宽可达 5~7 m。鳐鱼一般不会主动攻击人类，但其尾部的长刺内藏有毒液，所以，在水中千万不要试图去靠近鳐鱼。

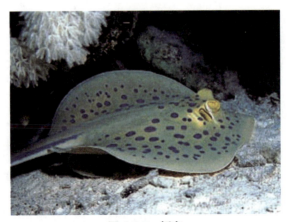

图 5-2-7　鳐鱼

### 4. 刺鲀

如图 5-2-8 所示，刺鲀受到打击后，其身体会鼓成球状，致使其体积变大，并从无数细孔中向四周伸出毒刺。即使有微量的毒液刺入人体，也会导致人死亡。

图 5-2-8　刺鲀

### 5. 海蛇

现存的海蛇约有 50 种，大多数海蛇聚集在大洋洲北部至南亚各半岛之间的水域内，在我国主要集中在浙江、福建、台湾、广东、海南等附近海域。

如图 5-2-9 所示，海蛇的毒液属于最强的动物毒。海蛇咬人后，开始局部症状往往不明显，无异常出血，无疼痛感。被咬伤的人，可能在几小时至几天内死亡。多数海蛇在受到骚扰时才会伤人。

图 5-2-9　海蛇

### 6. 水母

（1）僧帽水母

如图 5-2-10 所示，僧帽水母的亮蓝色浮囊充满气体，形状如一顶和尚帽，故称为僧帽水母。僧帽水母主要分布在亚热带海域，这种漂浮的囊状物近 15 cm 长，但其触手可以延伸到 12 m 开外。接触其触手后就会造成皮肤溃烂、头晕、恶心、呕吐，甚至全身酸痛，严重者意识不清、呼吸急促，最后休克死亡。

**图 5-2-10　僧帽水母**

（2）箱水母

如图 5-2-11 所示，箱水母又称为海黄蜂水母，主要分布在澳大利亚东北沿海水域。人被它的触手触及后，在 30 s 内便可死亡。成年的箱水母有足球那么大，呈蘑菇形状，身体近乎透明。

**图 5-2-11　箱水母**

**7. 蓝环章鱼**

如图 5-2-12 所示,蓝环章鱼体型较小,主要栖息在日本与澳大利亚之间的太平洋海域中,其体色呈淡灰白色,缀有彩虹色圆环标记,有剧毒。尽管蓝环章鱼体型相当小,但其所携带的毒素却足以在数分钟内一次性杀死 26 名成年人。

图 5-2-12  蓝环章鱼

【思考题】

简述求生者水中漂浮待救可能遇到的危险及应对措施。

# 第六章
# 救生艇筏上的求生行动

 **第一节**

## 登上救生艇筏后的行动

【要点】

人员在登上救生艇筏离开难船或跳水并登上救生艇筏后,应采取一系列的必要行动,以增加获救的机会。

【必备知识】

1.求生者自船舶降放救生艇筏至海面后,应尽快脱开与大船之间的连接。

2.脱离难船后的救生艇筏上的人员应尽可能通过视觉、听觉及其他方式积极搜寻救助落水人员,同时收集海面散落的可用物资。

发现落水人员后,救生人员可以利用救生艇筏配备的可浮救生环或艇篙、可浮桨等设备将落水人员救助至救生艇筏四周。然后落水人员可以自行登上救生艇筏,也可以通过救生艇筏内人员协助登上救生艇筏。

3.尽量集结附近其他的救生筏艇,一是增大目标以提高被发现的可能性,二是求生者之间可以相互照应。

4.救助完落水人员后的救生艇筏,应主动驶往难船的上风方向,并与其保持一定的安全距离。然后抛放海锚或流锚,使救生艇筏尽可能稳定在难船附近。

(1)海锚

海锚是救生艇的重要属具,是用于救生艇在难船附近漂流待救,控制救生艇处于顶风、顶浪状态时,减缓救生艇漂移的设备。

救生艇海锚如图 6-1-1 所示。

**图 6-1-1　救生艇海锚**

救生艇海锚主要由海锚本体、拖索、回收索、海锚索等四部分组成。海锚的抛放及回收操作如下：

①海锚抛放前,应仔细检查其是否处于良好可用状态;

②操纵救生艇,使其艇首处于顶风、顶浪状态;

③将拖索的末端系于救生艇艇首缆桩后,抛放海锚;

④由于海锚前口大,后口小,在水流的作用下,海锚的拖索逐渐受力,此时应注意保持回收索松弛不受力;

⑤时常检查拖索与救生艇艇首的接触部位,防止绳索磨损;

⑥当救生艇受到风暴袭击产生剧烈摇摆时,即应在救生艇周围撒镇浪油,抑制碎花浪,以免救生艇遭受倾覆危险;

⑦回收海锚时,只需拉动海锚回收索,使海锚倒置,即可将其拉回艇内。

救生艇海锚布放如图 6-1-2 所示。

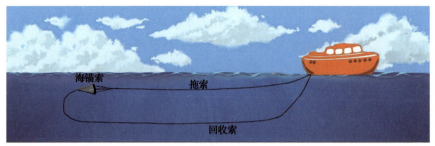

**图 6-1-2　救生艇海锚布放**

（2）流锚

流锚配备于救生筏内,是用于操纵救生筏或减缓救生筏漂移的设备。流锚主要由锚体、拖索及流锚索等 3 部分组成。

由于救生筏无自航能力,因此当救生筏施放后,需要离开难船时,除了桨外,还可以借助流锚设备前进。具体操作为:

①检查流锚设备完好并处于良好可用状态;

②用力将流锚抛向想前进的方向;

③待流锚充分展开后,筏内人员即可拉动拖索,注意拉动过程中不宜过快或过慢,应保持拖索持续受力为最佳;

④当到达距离难船一定距离的位置时,可再次向上风方向抛放流锚,用于增加阻力,减缓救生筏的漂流速度。

流锚如图 6-1-3 所示。

**图 6-1-3　流锚**

5.若较短时间内无法得到救助,则应建立完善的组织,制定并执行相关制度,以便更好地管理人员、分配物资、救助伤员等。

6.正确使用 EPIRB、SART、雷达反射器等定位设备,尽可能显示救生艇筏位置。

7.当附近有过往船只或搜救飞机时,也可以正确使用视觉求救信号,以便被发现。

8.若在难船附近等待 2~3 天,仍没有救援,则应设法寻找附近的陆地,增加获救的机会。

**【思考题】**

简述求生者登上救生艇筏后的行动。

## 第二节
# 救生艇筏内的管理

**【要点】**

若较短时间内无法得到救助,则应建立完善的组织,制定相关制度,对救生艇筏进行管理。

**【必备知识】**

## 一、建立完善的组织

为了更好地进行海上求生活动,救生艇筏内人员应建立完善的组织,通常由艇长作为救生艇筏的总负责人,负责救生艇筏的管理工作。为了便于工作的顺利开展,一般情况下,艇长会根据救生艇筏内求生者的状况及特长安排具体分工,如:

1. 制定 24 h 值班制度。

当救生艇筏内人员足够时,应按照 2 人一组,1 人负责内部勤务、1 人负责外部瞭望的方式安排值班。当人员不足时,也必须安排 1 人值班,即同时负责外部瞭望和内部勤务工作。通常值班的轮换时间为每班 1 h,当环境恶劣时,可缩短换班时间。

内部勤务工作应至少包括:

(1)及时排除救生艇筏内积水;

(2)保持救生艇筏内部干净整洁;

(3)注意保持救生艇筏内的通风及保暖;

(4)协助专人做好照顾伤员、修理救生艇筏等工作。

外部瞭望工作应至少包括:

(1)保持有效的瞭望,及时发现水中求生人员并救助;

(2)注意救生艇筏周围有无碍航物,保证救生艇筏安全;

(3)密切关注气象及海况变化,做好抵抗风雨及海浪侵袭的准备,当出现降雨时,应利用雨水收集装置收集雨水;

(4)注意周围海洋生物的动态,及时捕捉海洋生物,补充食物;

(5)及时发现陆地或周围过往船只及飞机,并引起其注意。

2. 尽可能指定具有资质或相关经验的人员负责管理药物,照顾伤病人员。

3. 指定专门人员负责救生艇筏的维护检查及修理工作,具体工作包括但不限于：

（1）时常检查救生艇筏的状况，及时发现安全隐患。

（2）救生艇筏出现破损应及时修理。

（3）根据环境管理救生筏的筏体及筏底的气体情况。如天气炎热时可以释放筏底的气体，使筏底贴近海面降低温度；天气寒冷时应将筏底充足气体，起到保温的作用。

4.指定专门人员负责管理救生艇筏内的淡水及食物。

5.指定专门人员负责记录求生过程中的重要事件、艇员状况、周围环境状况及其他情况。

## 二、救生艇筏内的自我保护

### 1.寒冷环境中的保护措施

在救生艇筏上，风浪极易把海水带入救生艇筏内，求生者的脚和腿会因为长时间浸泡在水里（尤其是水温低于 15 ℃时）和活动量的减少而变得麻木和肿胀，容易产生湿冻伤，这就是"浸泡足"。为了预防"浸泡足"，求生者应该：

（1）保持救生艇筏内温暖干燥，调整通风至最低需要。

（2）应穿着保暖衣服，外层最好穿上能防水的衣服。扎紧袖口、领口及裤管口。

（3）伤病人员可以通过穿着救生艇筏内配备的 TPA，防止体温的下降。

（4）其他人员可以采用抱团取暖的方式紧靠在一起。

（5）手脚要特别注意保暖和保持血液流畅，需要经常活动手脚和全身关节。

（6）避免长时间暴露于寒冷之中，定时更替瞭望值班人员，必要时缩短换班时间。

（7）不要吸烟，因为吸烟会使手脚的供血减少。

### 2.炎热环境中的保护措施

炎热环境下，救生艇筏内的求生者所面临的最大威胁是缺水。一旦断水，求生者的生命仅能维持数天。由于人体摄取水分的数量是由体内排出水分的数量而定，因此要设法减少人体失去的水分。具体的措施如下：

（1）用海锚调整通风口方向，保持良好的通风，应注意保持凉爽，平静休息，以防出汗。

（2）架设遮篷，避免太阳直射，保持救生艇筏外部及遮篷潮湿。

（3）在热带地区，白昼太热时，可将所穿衣服弄湿，但夜晚前应晒干，或将衣扣解开使身体露于微风中。

（4）救生艇筏内应将筏底放气，利用海水冷却筏底以降低筏内的温度。

（5）及时服用晕船药片，以防晕船呕吐。

（6）不可游泳，因为游泳容易消耗体力而引起口渴。

（7）按照救生艇筏内所配备的定额口粮食用可减少额外水分的需要。

**3. 风、雨、浪环境中的保护措施**

（1）在风侵袭下的保护措施

①寒冷天气时，救生艇应放出海锚，使艇首顶风，以减少强风的侵袭；

②救生筏应调整漂流锚的位置，使入口背风，并关闭入口。

（2）在雨侵袭下的保护措施

①救生艇筏应采取遮盖方式，并防止艇筏内雨水侵积，注意排水；

②雨水大量时可将入口关闭，以防雨水渗入，并应及时用海绵擦干，但仍需积极收集雨水，并予以储存。

（3）在浪侵袭下的保护措施

①救生艇筏破漏而导致海水侵入，此时应该尽快组织人力做好修补工作；

②因大风浪吹袭而打入海水，则应关闭所有入口，仅留最小口以保证呼吸及通风之用，如已有海水打入，则应尽快将海水排出救生艇筏之外，以保持救生艇筏干燥。

**【思考题】**

1. 简述救生艇筏内的人员在海上求生过程中的主要职责。

2. 简述救生艇筏内的自我保护主要包括哪几方面内容。

# 第三节

# 淡水及食物的管理

**【要点】**

水是维持机体正常生理活动的必要物质之一，约占身体体重的60%。根据研究可知，仅有淡水时，求生者仍可生存30~50天。但在仅有食物的情况下，求生者仅能维持数天生命。因此，在救生艇筏上的求生者必须对淡水实行严格的控制管理，正确地分配使用，同时还应想方设法获取可饮用的淡水。

【必备知识】

# 一、淡水

## 1. 淡水的配备

为了保证弃船求生过程中所必需的饮用淡水,按照相关要求,救生艇应配备额定乘员每人 3 L 的淡水,救生筏应配备额定乘员每人 1.5 L 的淡水。应急饮用水如图 6-3-1 所示。

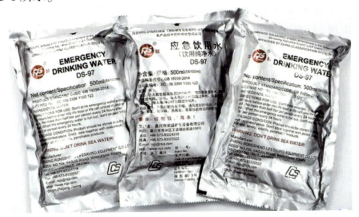

图 6-3-1　应急饮用水

## 2. 淡水的分配及饮用

一般情况下,救生艇筏内的淡水应集中存放,并由专人管理。通常在弃船后初始的 24 h 内,求生者不饮用淡水;24 h 后每人每天分配 0.5 L,以满足求生者维持生命活动的最低需求。

每天分配的 0.5 L 淡水最好分为三等份;日出前喝 1/3,日间喝 1/3,日没后喝 1/3。饮用时不要一口饮尽,要一小口、一小口地喝,水要尽可能地在嘴里含一会儿,润一润嘴唇,然后慢慢下咽。

## 3. 淡水的存储及水质辨别

淡水的储存时间的长短与很多因素有关,其中主要因素有:环境温度、水温、储水器的清洁程度等。如条件许可,除密封包装淡水外,救生艇筏内的淡水应每隔 30 天更换一次,这样能使艇筏内的淡水在 40~60 天内保持气味良好。但在炎热的天气里,饮水的保存时间可能缩短一半。

在海上求生时,如果对饮水水质存有怀疑,不可轻易丢弃,应进行采样试验,具体分两步进行:

第一步:初试——饮用少许,等待 1~2 h,如果身体无不良影响,可进行再试。

第二步:再试——多饮一些,等待 4~5 h,如果无副作用,说明饮水水质基本是好的,但饮用也不宜过多。

另外,可闻一闻饮水的气味,这样也可辨别水质的好坏。

**4. 淡水的补充**

由于救生艇筏内配备的淡水是相对有限的,因此求生者应尽可能抓住一切有利机会收集、补充淡水。主要途径有:

(1)利用救生艇筏的雨水收集装置收集雨水

雨水是最好的淡水来源,因此,当海上遇到下雨时,应使用一切可以利用的容器,通过雨水收集装置收集雨水。但最初收集到的雨水会因为盛装容器而含有盐分,应该倒掉,然后再收集干净的雨水;收集到雨水后应让大家喝足,以补充前段日子体内水分的消耗。由于雨水不能长期保存,所以,有雨水时应先喝雨水,而艇筏上配备的淡水则留作备用。

(2)收集露水

一般夜晚会产生水的凝结,因此,可以使用干净的织物(衣服)或海绵收集凝结的露水。

(3)通过海洋生物的体液获取

①通过吸吮生鱼的眼球可获取淡水。

②通过吸吮鱼的脊骨髓液获取淡水;

③将捕捉的鲜鱼切成块,通过包裹后拧绞获取体液;

④可以利用海龟的血代替饮用水。

(4)通过海水淡化技术获取

①物理方法:利用太阳能蒸馏器来制取淡水。

②化学方法:通过离子交换器、421型海水淡化器等获取淡水。

(5)通过极地冰块获取

极地航行时,可通过海中陈年(1年以上)的冰块制取淡水。

**5. 禁止饮用海水和尿**

国际海事组织明确表示,在海上求生时,禁止饮用海水和尿。

海水中含有较高的盐分,人的肾脏无法承受,可致使肾功能丧失。调查研究表明:饮用海水而死亡的危险性要比未喝海水而死亡的危险性高12倍。

另外,尿液中含有过多的有毒物质,还会导致恶心、呕吐,使身体内的水分进一步减少,使人更加口渴,甚至发狂而死亡。

## 二、食物

**1. 食物的配备**

根据要求,救生艇筏内应配备额定乘员每人热量不少于10 000 kJ的口粮,且保存于气密包装中并存放在水密容器内。救生口粮如图6-3-2所示。

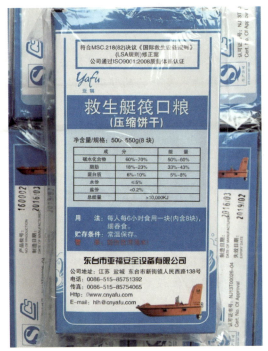

图 6-3-2  救生口粮

**2. 食物的分配及食用**

通常遇险求生的第一天不进食,第二天、第三天按日出、中午及日没分三次进食,若第四天仍未获救则应考虑减少进食。若艇筏内已经断水,则应停止进食,以免增加体内水分的消耗。

**3. 食物的补充**

救生艇筏内的应急救生口粮是相对有限的,因此,在海上求生过程中,应尽可能获取额外的食物。主要途径有:

(1)用救生艇筏上配备的鱼钩捕捞鱼、虾等;

(2)捞取海藻、海带等可以生食的海洋植物;

(3)利用袜子、裤子、衣服或多孔的织物收集浮游生物。

需要注意的是,捕捉到的鸟、鱼、虾等高蛋白质食物,只能在淡水充足时方可食用。

**4. 食物好坏的辨认**

求生者从海中获取食物后,应注意辨认食物的好坏。吃海藻前应仔细检查,把附着在上面的小生物弄掉;有些没有正常鱼鳞而带有刺、硬毛或者棘毛的鱼多数是毒鱼,不能食用。不可食用有以下迹象的鱼:发育不正常的鱼;有恶劣气味的鱼;腹部隆起的鱼;鳍翘和腹部黏滑的鱼;眼珠深陷入头腔的鱼;用手揿入鱼肉会有凹陷印记的鱼。

**【思考题】**

1. 简述救生艇筏内淡水的配备、分配及饮用方法。

2. 简述海上求生过程中淡水及食物的获取途径。

# 第四节

# 正确使用定位设备

**【要点】**

海上求生过程中,救生艇筏降放至海面待救时,受风、流的影响会发生位置的漂移。求生者应正确使用定位设备来显示救生艇筏的位置以增加获救的机会。

**【必备知识】**

## 一、紧急无线电示位标的使用

紧急无线电示位标(EPIRB)通常存放在船舶航行甲板两侧的舷墙或栏杆上,一般有两种启动方式:人工启动和自动启动。

### 1. 人工启动

当船舶遇险时,由专人抵达 EPIRB 的存放位置,拔出 EPIRB 罩壳的安全销,打开 EPIRB 的罩壳,取出 EPIRB。此时,其天线应呈竖直状态,然后打开 EPIRB 的红色安全保护盖,向左滑动滑盖并按动启动按钮,紧急无线电示位标就被启动了。人工启动紧急无线电示位标如图 6-4-1 所示。

(a)打开罩壳　　　　　　　　(b)打开安全保护盖,按下启动按钮

**图 6-4-1　人工启动紧急无线电示位标**

    船舶遇险后,发出弃船信号,按应变部署表的要求,由专人取出 EPIRB 后携带进入救生艇筏,并随救生艇筏降放至海面;然后将其启动后,系于救生艇筏上,或将其与艇筏相连后直接抛入海中,EPIRB 两侧的海水开关接通,则示位标就会启动并发射遇险报警信号。

    将紧急无线电示位标系在救生筏上如图 6-4-2 所示。

**图 6-4-2 将紧急无线电示位标系在救生筏上**

### 2. 自动启动

    当船舶遇险沉没时,EPIRB 随着船舶下沉到水面以下 1.54 m 位置时,存放罩壳内的静水压力释放器开始动作,它会把示位标的罩壳弹开,示位标释放出来,漂浮到水面上。EPIRB 两侧的电极经海水接通后,就会发射遇险报警信号。紧急无线电示位标的自动释放启动如图 6-4-3 所示。

(a)静水压力释放器作用前

(b)静水压力释放器作用中

（c）EPIRB 浮于海面，发射信号

**图 6-4-3　紧急无线电示位标的自动释放启动**

## 二、搜救雷达应答器的使用

搜救雷达应答器(Radar-SART)通常安装在驾驶室内的舷墙上，其操作主要包括搜救雷达应答器的测试和启动。

**1. 搜救雷达应答器的测试**

首先打开搜救雷达应答器的粘贴带，并从存放架上取下 Radar-SART，然后向左转动旋转开关环至"TEST"位置并保持。搜救雷达应答器发出一声响声后，并以 4 s 的间隔发出闪光。松开旋转开关环，开关环将自动复位至初始位置。

搜救雷达应答器的测试操作及效果如图 6-4-4 所示。

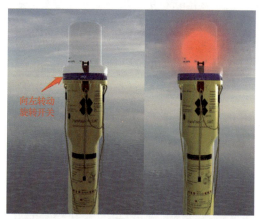

向左转动
旋转开关

**图 6-4-4　搜救雷达应答器的测试操作及效果**

**2. 搜救雷达应答器的启动**

当船舶遇险并发出弃船信号后，根据应变部署表的要求，由专人取下 Radar-SART 并携带至救生艇筏内。启动时，向下拉出搜救雷达应答器的红色拉片。

此时,旋转开关环会自动向右旋转至"ON"的位置。SART 会发出一声响声后,以 4 s 的间隔发出红色闪光。

搜救雷达应答器的启动操作及效果如图 6-4-5 所示。

向下拉动
拔出销子

图 6-4-5  搜救雷达应答器的启动操作及效果

为了保证 Radar-SART 作用的有效距离,通常为其提供一个能够伸缩的安装杆。使用时,打开存放安装杆的盖子,将安装杆伸直打开,将其固定在救生艇筏的相应位置,此时能够保证搜救雷达应答器位于海面 1 m 以上的位置。

Radar-SART 在救生筏上的安装如图 6-4-6 所示。

图 6-4-6  Radar-SART 在救生筏上的安装

## 三、搜救雷达反射器

根据公约要求,每艘救生艇或救生筏均应配备 1 个搜救雷达反射器,用于附近搜救船舶或飞机迅速搜寻定位遇险的救生艇筏。

搜救雷达反射器,是指用以增强雷达波反射的无源装置。其一般根据用途和作用方向加以几何设计,使之具有一定的反射面积和将入射雷达波向原方向反射的特性。当船舶遇险弃船求生时,求生者可以在救生艇筏内安装搜救雷达发射器,以便增加被搜救的机会。

搜救雷达反射器如图 6-4-7 所示。

图 6-4-7　搜救雷达反射器

## 四、便携式甚高频双向无线电话设备的使用

如图 6-4-8 所示,便携式甚高频双向无线电话设备通常配备于驾驶台内,并处于充电状态。弃船求生时,由专人携带进入救生艇筏内,用于救生艇筏之间的通信或搜救现场的通信协调。

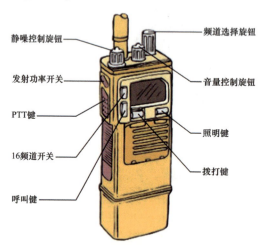

静噪控制旋钮 ———
发射功率开关 ———
PTT键 ———
16频道开关 ———
呼叫键 ———
——— 频道选择旋钮
——— 音量控制旋钮
——— 照明键
——— 拨打键

图 6-4-8　便携式甚高频双向无线电话设备

### 1. 按键组成

(1)静噪控制旋钮[SQL]。

(2)发射功率开关[HI/LOW]:选择高或低的输出功率,也可以激活其他键附属功能。

（3）PTT 键：按下［PTT］键，发射信号；松开［PTT］键，接收信号。

（4）16 频道开关：16 频道是遇险呼救频道，它用于与其他站台建立初始联系及应急通信。接通电源时，机器自动选择 16 频道模式。

（5）呼叫键［C］：选择呼叫频道模式。呼叫频道用于存储最常使用的频道，以便快速调取。

（6）频道选择旋钮［CHANNEL］：在拨打模式下设定一个工作频道。

（7）音量控制旋钮［OFF/VOL］：接通和关闭电源，调节音量。

（8）照明键［LIGHT·LOCK］：开启和关闭照明灯；按下［HI/LOW］键，可以启动锁定功能。

（9）拨打键［DIAL］。

**2.使用方法**

（1）打开音量控制旋钮［OFF/VOL］，接通电源；

（2）将静噪控制旋钮［SQL］调至最大；

（3）调节音量控制旋钮［OFF/VOL］至适宜水平；

（4）调节静噪控制旋钮［SQL］直至噪声消失；

（5）按下［PTT］键，开始讲话；

（6）松开［PTT］键，开始接收。

**3.遇险通信中的注意事项**

（1）应急通信时应尽可能使用标准通信用语。

（2）应急通信用语的发出应以"Mayday,Mayday,Mayday"开头。

（3）通信过程中应注意语言简明扼要，声音洪亮，重要信息要重复。

（4）讲话完毕应以"Over"结束，确认收到信息应回复"Roger"。

（5）沟通完毕时，应以"Out"结束交流。

# 五、视觉求救信号的使用

视觉求救信号旨在发出火焰、烟雾等信号以引起其他救援人员的注意。火箭降落伞火焰信号、手持火焰信号、漂浮烟雾信号、日光信号镜等视觉求救信号的使用详见第二章第五节。

**［思考题］**

1.简述紧急无线电示位标的使用。

2.简述搜救雷达应答器的使用。

3.简述雷达反射器的使用。

4.简述便携式甚高频双向无线电话设备的使用。

# 第七章
# 获　救

第一节

## 船舶救助

**【要点】**

船舶救助是海上最常见的救助方式之一。在恶劣海况下进行救助时，往往需要利用车、舵配合来控制或改变船舶的航向。因此，水中飘浮待救的救生艇筏或求生者应注意避免进入或停留在大船的船首方向或船尾区域，以免受到不必要的伤害。

**【必备知识】**

船舶在收到遇险船舶或 RCC 及其他船舶转发的遇险信息后，应立即调整航向，驶向失事海域，并确保通信设备值守遇险呼叫频道。

### 一、对遇险船舶的直接救援

1. 救援船对锚泊、搁浅或触礁的遇险船舶进行救助时，应从上风侧接近遇险船舶，利用本船为遇险船营造一个相对平稳的下风静浪区。在援救船接近难船时，从下风舷降落救生艇，迅速驶向难船。然后尽可能从难船的下风侧靠近难船，救援遇难者，再回到救援船的下风舷上船。

2. 对漂流的遇险船舶进行救助时，救援救生艇就不能像对待锚泊、搁浅或触礁的难船那样从下风侧靠上去，因为难船漂流速度如果很快，就很可能压住下风舷的救生艇一起漂流，使救生艇无法离开。这种情况下救援救生艇应该从上风舷接近难船,而且艇身不能横靠上去,常把艇尾或艇首垂直对着难船船舷。这样在救了人后,离开难船就比较安全。

3. 救援船对难船进行救援时,也可使用抛绳设备在两船之间建立钢丝绳连接,然后利用滑车、救生设备和往返牵引索等救援难船上的人员或向他们提供有关的设备物资。

4. 当海上风大浪高导致无法进行救援作业时,救援船可在下风海面适量布洒镇浪油,使海面平稳,以便顺利进行救助。

## 二、对落水人员的救援

救援船抵达失事水域附近后,通常停靠在难船的上风侧,以保证难船、救生艇筏或求生者处于较为平稳的下风海面。然后从救援船的下风舷降放救助艇,搜救海面落水人员。搜救时,应注意从落水者的下风向靠近并施救。对救助后的人员进行必要的保护,然后通过舷梯、登乘梯或其他可用方式将人员救助至船上。

## 三、对救生艇筏人员的救援

1. 救援船一般停在待救救生艇筏的上风侧近处。这样可使救生艇筏处于风浪相对平稳的下风海面,救援船依靠风压向救生艇筏靠近,这时救生艇筏应主动驶至大船的下风侧等待救援。

2. 当救援船驶近时,救生艇筏应将海锚(或漂流锚)收起,以防缠绕来船的螺旋桨。

3. 救援船可以从下风舷降放救助艇来集结海面待救的救生艇筏。

4. 如可行,救援船应使用船上的起重设备将载人的救生艇筏一起吊上大船,以便节约救助时间,使待救人员能够及时得到救助。

【思考题】
1. 简述救援船如何救援落水人员。
2. 简述救援船如何救援救生艇筏人员。

# 第二节

# 直升机救助

【要点】

直升机海上救助,具有行动迅捷、机动性强、受天气海况影响小、视野开阔、搜寻范围大、救助成功率高等特点,是海上人命救助比较高效的手段之一。海上人员应了解和掌握直升机救助的设备、作业程序及注意事项等,以提高直升机救助成功的概率。

**[必备知识]**

通常船舶的甲板或舱盖区域用白色油漆绘制"H"字样,表征直升机在船舶上的作业区。另外,由于直升机的升降设备和舱口一般在飞机的右边,因此,除特殊情况之外,直升机一般是从船的左舷进入吊运作业区。

# 一、直升机救助设备

常用的直升机救助设备有救助吊带、救助吊篮、救助吊笼、救助吊座和救助担架等。

## 1. 救助吊带

如图 7-2-1 所示,救助吊带最适合快速地吊升人员,但不适用吊升病人。如图 7-2-2 所示,其使用方法如下:

(1)将吊带由头部套入,绕过后背并夹在两腋之下,将吊钩置于胸前;

(2)用吊带上的收紧环将吊带收紧;

(3)被吊起时,应保持面部对着吊钩,手自然垂于两侧,不要紧抓住吊带。

图 7-2-1　救助吊带

图 7-2-2　救助吊带使用示意图

### 2. 救助吊篮

如图 7-2-3 所示,救助吊篮能够避免被吊升人员直接触碰船体或设备,是直升机救助中常用的救助设备之一。

图 7-2-3　救助吊篮

### 3. 救助吊笼

如图 7-2-4 所示,救助吊笼的形状类似于锥形鸟笼,其中一侧设有一个开口。遇险者从开口处进入后,坐好并抓牢即可。

图 7-2-4　救助吊笼

### 4. 救助吊座

如图 7-2-5 所示,救助吊座像一个带有平的爪或座位的三爪锚。撤离人员只要骑坐在一个或两个爪形的座位上,并用手抓住锚杆即可。

图 7-2-5　救助吊座

**5. 救助担架**

如图7-2-6所示,救助担架是专门用于吊升遇险的伤病员的,与船上的担架不同,它装有索带并由特殊吊钩与升降机的吊索迅速并安全地连接或脱卸。

图 7-2-6　救助担架

## 二、对救生艇筏内人员的救助

(1)直升机在救生艇筏上空旋停时,艇筏上的人员应聚集在艇筏中央,以免由于受到直升机向下气流的冲击,造成救生艇筏的倾覆。

(2)被吊升人员不要穿着宽松的衣物、戴帽子或头巾等,除非因穿着救生衣会使伤员病情恶化,否则所有被吊升的人员均应穿妥救生衣。

(3)为了避免吊升设备的金属部分与人体接触后产生放电现象,应先让其接触海水后才能吊升救生艇筏上的待救人员。

(4)为便于给直升机驾驶员指示救助现场的风向,艇筏上的人员应设法举旗或衣服,并使其随风飘扬。

(5)待救人员在接受救援时要绝对服从指挥,严格遵守秩序,严禁争先恐后,以免造成不必要的伤害或者不应有的损失。

(6)最后一名待救人员在吊升离开艇筏前应将艇筏上的示位灯/示位标关闭,以免给过往船只和飞机造成错觉。

## 三、对落水人员的救助

对落水人员的救助通常包括降下救助设备实施救助以及放下救生员实施救助两种。

### 1. 降下救助设备实施救助

通常该种救助方式适用于具有一定体力的落水人员。首先将救助设备降至海水中放电,然后落水人员穿戴救助设备,待准备完毕后即可被吊升。临近直升机舱门时,机组人员会协助被救人员将身体转至背对舱门方向,并帮助其进入飞机。

**2. 放下救生员实施救助**

当落水者体力消耗过大,可能失去活动能力时,宜采用放下救生员实施救助的方法。首先,放下救生员并接近落水人员。其次,帮助落水人员套上救生吊带。最后,待救生员与落水者双手相拥抱住后,即可被吊升。当接近直升机舱门时,机组人员会协助两人进入飞机。

# 四、对遇险船舶上人员的救助

1. 遇险船舶应通过无线电设备与直升机建立有效的联络,包括:

(1)报告本船的船名、呼号、船位、所在海域的气象海况及识别本船的方法;

(2)报告船舶和人员的情况以及需要何种援助;

(3)直升机的起飞时间、预计抵达时间,以及难船与直升机的联系方式;

(4)提供直升机驾驶人员所需的其他信息。

**2. 遇险船舶的准备工作**

(1)应根据海况及直升机的要求,控制船舶保持迎接直升机救助的最佳状态。

(2)夜间救援时,开启所有照明,应特别照亮作业区。

(3)选择远离船上易燃易爆场所的甲板或舱盖作为直升机降落区,要求半径至少15 m范围内无任何障碍物。

(4)在降落区附近准备好消防设备,做好消防应急准备工作。

(5)作业现场要准备好太平斧、撬棍、红色应急信号和医疗急救物品等。

(6)所有人员都应穿着救生衣,戴好安全帽,控制吊钩的人员戴好电工用的绝缘手套和穿好合格的鞋子,以防静电电击。

(7)当直升机进入视线范围内时,应使用包括视觉求救信号在内的有效措施引起直升机驾驶员的注意。当直升机临近时,升起三角旗或者风袋,为其驾驶员显示风向。

(8)直升机即将到来时,应关掉雷达或将其置于待机状态。

**3. 直升机作业**

(1)降落甲板作业

①船舶甲板人员在直升机着陆前应远离作业区,现场指挥人员应站在着陆点的上风显著位置,以便能够看到直升机驾驶员,给出相应的信号。

②直升机着陆后会关闭防止碰撞灯,在直升机驾驶员或者绞车手显示可以安全接近的信号后,甲板上的人员才可以上前协助人员上下飞机或者卸下物料。

③绞车手应协助船舶驾驶员管理直升机周围的人员流动,尤其要注意的是在作业区外的人员应听从现场负责人的指挥。在飞机飞离前,甲板人员必须离开,甲板上的负责人员在向直升机驾驶员发出可以升起信号前,应检查周围空间

是否畅通。

直升机登离通道如图7-2-7所示。

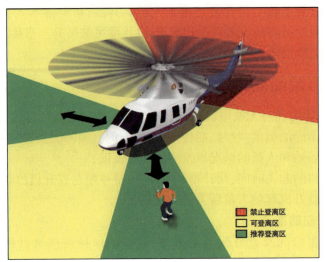

图 7-2-7　直升机登离通道

(2)悬停作业

对于不宜在船上降落的大型直升机,通常采用空中悬停的方法进行吊升作业。直升机进行悬停作业时,通常采取迎风方式,由船尾方向接近船舶。此时船舶应根据直升机驾驶员的要求,保持航向及航速。救助时应安排专人统一指挥,必要时运用手势信号与直升机进行联络。

①吊升:抬起手臂,四指紧握,拇指朝上。

②停止吊升:抬起手臂,握拳。

③下降吊索:单臂越过头顶,四指紧握,拇指朝下。

指挥起吊设备手势信号如图7-2-8所示。

吊升吊索　　　　　停止吊升吊索　　　　　下降吊索

图 7-2-8　指挥起吊设备手势信号

此外,人员吊升前,应注意先将救助设备接触海水,完成放电后方可进行。

**【思考题】**

1. 简述常用的直升机救助设备。
2. 简述直升机对落水人员的救助方法。
3. 简述直升机对救生艇筏内人员救助的注意事项。

# 第三节

# 登陆求生

**【要点】**

救生艇筏在难船附近等待 2~3 天后,若仍未获救或被发现,则应设法航行至船舶常用的航线附近或寻找附近的陆地,登上陆地进行求生。

**【必备知识】**

## 一、方向的辨别

方向是海上求生过程中十分重要的因素。迷失方向就可能失去获救的机会,甚至会导致死亡。因此,辨别方向是一名海员应该具备的最基本的能力。方向的辨别主要有:

**1. 利用天体辨别方向**

(1)太阳

在晴朗的白昼,根据日出、日落就可以方便地知道东方和西方,也就可以大致判断出方位。北半球,冬季日出位置是东偏南,日落位置是西偏南;夏季日出位置是东偏北,日落位置是西偏北;春分、秋分前后日出位置是正东,日落位置是正西。南半球则相反。

(2)星座

在北半球北极星是最好的定向星,北极星的方向是真北,北极星定位如图7-3-1 所示。北斗七星的星间连线似一长柄勺形,勺口两星的连线延伸 5 倍于两星间的距离就是北极星。

在南半球可利用南十字星来确定方向。南十字星的四个亮星可连成十字,较长的连线延伸后指向地球的南极。南十字星定位如图 7-3-2 所示。

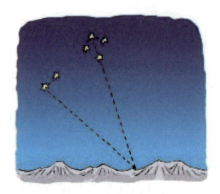

图 7-3-1　北极星定位　　　　　　　　　图 7-3-2　南十字星定位

（3）月球

地球上观测者所见到的月球表面随着日期的不同，会呈现出不同的圆缺形状，称为月相，如图 7-3-3 所示。在了解了月相之后，可以根据月球出没的时间来确定方向。例如，月球满月时，正好面对着太阳，半夜 12 时它往往是在正南或者正北方向。知道了南北方向，其他方向就均可推测出来。使用本方法时必须注意：当月球当天的赤纬与观测者所处的纬度相近或相等时，不能单纯地利用满月时月球上中天的时机来测向，而应根据月球出没的时间来确定南北方向；另外，当观测者所处的纬度位于月球满月当天赤纬的南方时，半夜 12 时满月位于正北方向，反之则是正南方向。

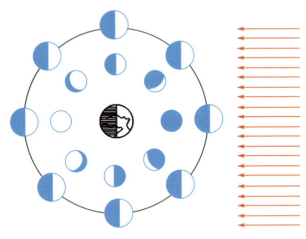

图 7-3-3　月相

**2. 利用仪器、仪表辨别方向**

（1）利用手表测向（如图 7-3-4 所示）

①北半球：将手表放平，时针指向太阳，在时针与 12 点刻度之间的平分线方向就是南方。

②南半球:将手表放平,时针指向太阳,在时针与 12 点刻度之间的平分线方向就是北方。

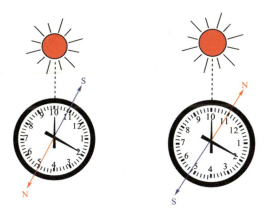

图 7-3-4  利用手表测向

（2）利用磁罗经定向

将磁罗经水平放置,当指北针的磁针静止后,其 N 端（通常都有标志）所指的方向即为罗经的北方向。艇用罗经如图 7-3-5 所示。

（3）利用 GPS 接收机定向

GPS 接收机不仅可以为求生者提供连续的位置,同时也可为求生者提供所需的方向。GPS 接收机如图 7-3-6 所示。

图 7-3-5  艇用罗经

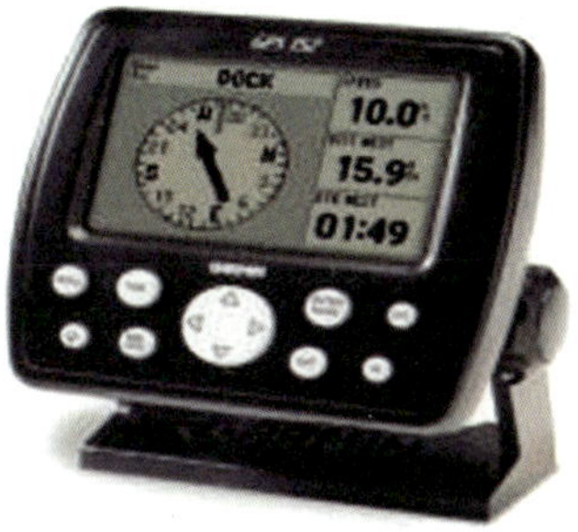

图 7-3-6  GPS 接收机

### 3. 自制指南针定向

自制指南针如图 7-3-7 所示。

（1）用一根针（或者一截铁丝）反复同一方向与丝绸摩擦会产生磁性,悬挂起来可以指示北极。磁性不会很强,每间隔一段时间就需要重新摩擦,以增加磁性。

（2）如果有一块磁石,则会比用丝绸更有效。注意要沿同一方向将铁针不断与磁石摩擦。

(3)用一根绳将磁针悬挂起来,以防影响平衡,但注意不要用有扭结或绞缠的绳线。

图 7-3-7  自制指南针

如遇到海风比较大时,上述悬吊式定向方法会受到影响。这时可把磁针平放在一小块纸或者草叶上,让它们自由漂浮在水面上,这样也会起到指北作用。飘浮式指南针如图 7-3-8 所示。

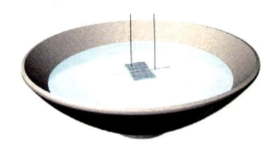

图 7-3-8  飘浮式指南针

## 二、接近陆地的迹象

### 1. 观察气象

(1)晴朗天空中,远处天空能看到棉花状的积云,则云的下方很可能是陆地。

(2)白天云移动的方向上很可能有陆地、岛屿。这是因为海陆风的作用,白天风从海上吹向陆地或岛屿,夜晚则相反。

(3)如果看到天空或云的底部有绿色光晕,则在其下方很可能有珊瑚礁和近岸的咸水湖。这是因为这些地方的水深较浅,海水颜色比深海区要浅得多,因此,被阳光照射或月光映照后,反射特别强烈,能将天空中的云底照亮形成绿色光晕。

### 2. 观察鸟虫

(1)如果在海上发现鸟群,尤其有鸟群活动,则说明附近有陆地、岛屿,且陆地、岛屿就在鸟群早出晚归的方向上。

(2)夜间在海上发现有蚊虫叮咬,说明已经接近陆地、岛屿,这时应注意观察瞭望以探明其方向。

（3）从一个方向持续不断地传来海鸟的叫声,说明距离它们所栖息的陆地可能已经不远了。

**3. 观察海水和海藻**

（1）当发现海水的颜色已变成棕色,则说明已靠近河口,距岸不远了。

（2）当发现海上漂流的海藻中有植物、树枝等,说明陆地就在附近。

（3）浪花拍击岸边发出巨大的声音,在远处没看见浪花之前就能听到它的咆哮。

**4. 其他现象**

（1）有时海面飘来燃烧物质的气味（如木材、煤炭、燃油等）,这预示上风处有岛屿、陆地或过往的轮船。

（2）在夜间如远处水天线附近出现了光蕴、闪光,则可能接近了岛屿或陆地、船只。

需要注意的是,在使用上述方法进行判别时,应全面观察、综合判断,才能有效发现附近的陆地。绝不能孤立、片面地使用一种手段进行主观判断。

# 三、登上岛屿

**1. 登岛前的准备工作**

海上待救人员发现岛屿后,应尽快将救生艇筏驶向岛屿附近。注意观察和了解岛屿及其周围风、流和水深情况,在没有探明岛屿情况之前,绝不可贸然弃艇登岛。在探明岛屿情况之后,并决定登岛前,应做好相应的准备工作：

（1）所有登岛人员均应穿好救生衣。

（2）应尽量选择身体素质好、水性好、技术全面、机敏果敢的人员来担当率先登岛探查情况的人员。

（3）明确艇筏上其他人员在登岛行动中所承担的任务及事项。

（4）准备好舵、桨、海锚、艇锚、钩篙和缆绳等器材,并由专人负责使用。

（5）风浪比较大时,还要准备好镇浪油及碰垫。

（6）做好救生艇筏物品的绑扎、固定、搬运及登岛的准备工作。

**2. 确定登岛地点及时机**

由于岛屿四周的水流情况比较复杂,往往存在着暗礁和拍岸浪,特别是拍岸浪,从海上看到的似乎不如在陆上看到的大,容易使人产生错觉。救生艇筏进入浪区后,一旦操纵不当,就可能导致艇毁人亡,酿成灾难,所以选择正确的登岛地点及登岛时机对保证救生艇筏上人员的生命安全是非常重要的。通常确定登岛的时机及地点应：

（1）尽量选择岛屿的背风面、水流平缓处、泥沙底质、浅滩坡度小、水中无险恶障碍物的地方登陆。

(2)尽量利用海陆风的作用,在白天涨潮时登岛。

**3. 登岛的注意事项**

(1)驶向预先选定登岛点的过程中应派人在船头瞭望,并利用钩篙、桨、探测绳索等工具,边测深边前进。

(2)登岛时,应保持艇首迎风、迎浪,防止艇筏在浪中打横,必要时可使用海锚及艇锚协助登岛行动。

(3)机动艇抢滩登陆要趁风浪相对较小的间隙,开足机器功率,冲向海滩或者岸边,如艇速不及波浪速度,则应把海锚从艇尾抛出,以免后一个大浪由艇尾追上而把艇身打横,造成危险。

(4)在救生艇筏抢滩登陆成功后,应将人员分成两组:一组留守在救生艇筏上,另一组登岛探明情况,如是否有居民、动物、水源、植物以及地形情况等。当探明可以驻留时,应将救生艇筏和上面的物资搬到岛上妥善保存好,以备使用。

# 四、登岛后求生

登上无人居住的荒岛并不意味着求生者已经脱离险境而获救,它仅表明一种求生过程的结束,另一种相对安全、可能更持久的求生过程的开始。此时,求生者应根据荒岛上的实际情况,坚持并坚决执行海上求生的基本原则,在荒岛上维持生活,积极地等待援救。

**1. 住所**

合适的住所不仅可以保护人员免受阳光暴晒和风吹雨淋、避开昆虫的侵扰,还可以给人以安全感,帮助其维持求生意志。建立住所应考虑:

(1)尽量选择在地势较高、容易被海上过往的船只或空中飞行器发现的地方构筑住所。

(2)住所的位置应便于行动和解决饮水与食物。

(3)注意宿地的干燥通风、避风保暖,夜间可燃起篝火取暖并避免野兽靠近。

(4)合理利用天然的藏身之所,但要避开地势较低的区域和昆虫滋生的场所。

(5)住所可用树枝搭建成 A 形架,上面再覆盖油布、帆布、枝叶等。

(6)如有需要,也可将救生筏改成临时住所。

(7)住所周围应挖掘一条排水沟。

**2. 淡水**

要在荒岛上维持生活,等待救援,首先就要解决饮水问题,水是最重要的物质之一。如果没有淡水,人支撑不了多久,尤其是在炎热地区,大量出汗会使得人体流失大量水分。

（1）淡水的获取

①通过收集雨水、露水获取淡水，如图7-3-9所示。

图 7-3-9　收集雨水、露水

②寻找水源。

a. 察看野兽的足迹和鸟类的方向，其汇集的方向有助于找到水源；

b. 树木比较高大茂盛的地方，地下水往往比较丰富；

c. 青草茂盛的地方，如灯心草、芦苇、桐树、杨柳等植物生长的地方附近可能有地下水；

d. 石灰岩洞穴内可能有泉水；

e. 峡谷中多石砂处多有泉水渗出。

③用海水蒸馏的方法也可以取得比较纯正的饮用水，如图7-3-10所示。

图 7-3-10　海水蒸馏获取淡水

（2）淡水的处理

获取的淡水应经过一定的处理，才可以放心饮用。常用的处理方法如下：

①过滤

如水内含有较多的泥沙或杂质，可用沙层或者多层布做成一布袋进行过滤；如有仙人掌，切开放入水里可沉淀水中的杂质。

②杀菌消毒

a. 煮沸 3 min：利用沸水的高温可以杀死水中的寄生虫、细菌及微生物，如条件允许,最好采用此法处理饮用水。将收集到的水倒入容器煮沸 3 min,待冷却后即可饮用。

b. 漂白粉消毒:漂白粉可以消毒、杀菌、凝固、沉淀及清洁水质。将收集到的水倒入容器中,每 20 L 水中加入 2 片(约 10 mg)漂白粉,并充分搅拌、快速溶解。待漂浮物沉淀、水质清澈后,即可饮用。

c. 碘溶液消毒:可以使用浓度为 2.5% 的碘溶液杀菌消毒。将收集到的水倒入容器中,按每 20 L 水中滴入 8 滴碘溶液,并充分搅拌使其快速混合,等待 8～10 min 即可饮用。

### 3. 食物

绝大部分荒岛上都蕴藏着极其丰富的食物资源。然而,要想获得这些食物,不仅要付出艰苦的劳动,而且还要掌握一定的实用技巧。获取食物的方法主要有:

(1)在鸟兽常汇集的水源处或在必经之路上设置陷阱、捕网。

(2)狩猎,要迎风接近猎物,并注意自身保护,避免受到袭击或伤害。

(3)海龟通常栖居在海滩和小岛上,将其翻转过来便很容易捕获。

(4)新鲜的鸟肉、鸟蛋和兽肉均可食用。

(5)在海滩上或岩石的隐蔽处,很容易收集到贝类、蟹和龙虾。在低潮时,只要在浅滩上看到有水泡,就应可以找到贝类,但锥形的贝类有毒牙,被其咬伤可能致命。

### 4. 瞭望和求救信号

(1)瞭望

登岛后,应立即建立由全体人员轮流的 24 h 值班瞭望制度。瞭望人员应使用一切有效手段来进行海空瞭望,发现过往的船舶或飞机时应及时发出易被观察到的求救信号。

(2)求救信号

用救生艇筏上的各种信号和无线电设备向周围海域发出求救信号。在面向大海的地面上用石头、贝壳或者植物堆砌成 SOS 的字样,并且字母越大越好。准备大量的木柴和火种,以便发现过往的船舶、飞机时,能及时发出易被发现的求救信号。白天,燃烧潮湿的植物形成浓烟最为有效。夜间,燃烧干柴发出火焰最为有效。

**【思考题】**

1.简述辨别方向的方法。

2.简述获取淡水及处理饮用水的方法。

3.简述食物的获取方法。

# 货船应变部署表

| 驾驶台/机舱 BRIDGE/ENGINE ROOM | |
|---|---|
| 任务 DUTIES | 执行人 EXECUTOR |
| 协助船长，瞭望，操纵车钟，管理驾驶台仪器、设备及控制系统，包括火警探测系统等，对外联系，做好记录。<br>Assist Master lookout, operate engine telegraph, manage the bridge equipment and control systems, including fire detection systems, etc, communicate and record. | |
| 操舵，协助瞭望，悬挂信号 Helm, assist to lookout, display signals. | |
| 轮机长替代人，机舱值守，管理操纵主机<br>Substituted C/E. on duty in E/R, Control the M/E | |

## 货船应变部署表 MUSTER LIST FOR CARGO SHIP

船名：M/V:　　　船东/管理公司：SHIPOWNER/MANAGEMENT COMPANY:

紧急报警信号：根据船长指令，用报警器或汽笛发出如下紧急报警信号，并通过有线广播，用船员工作语言反复发布。船员听到报警信号后，应立即着装就位。
Emergency alarm signal: The following alarms are sounded on whistle or siren according to master's order, followed by cable broadcast with working language repeatedly. When the alarm is sounded, crew members shall be donned and mustered at stations immediately
消防 fire alarm: 短声连放一分钟 short blast continued for one minute
弃船 abandon ship alarm: 七短一长重复连放一分钟 seven short blasts with one prolonged blast repeat for one minute
解除 signal for dismissal: 一长声 one prolonged blast
人员落水 man overboard: 三长声 three prolonged blasts

| 编号 Crew No | 1 | 2 | 3 | 4 | 5 | 6 | 7 | 8 | 9 | 10 | 11 | 12 | 13 | 14 | 15 | 16 | 17 | 18 | 19 | 20 | 21 | 22 | 23 | 24 | 25 | 26 | 27 | 28 | 29 | 30 |
|---|---|---|---|---|---|---|---|---|---|---|---|---|---|---|---|---|---|---|---|---|---|---|---|---|---|---|---|---|---|---|
| 职务 Rank | | | | | | | | | | | | | | | | | | | | | | | | | | | | | | |
| 姓名 Name | | | | | | | | | | | | | | | | | | | | | | | | | | | | | | |
| 筏号 Craft No. | | | | | | | | | | | | | | | | | | | | | | | | | | | | | | |
| 艇号 Boat No | | | | | | | | | | | | | | | | | | | | | | | | | | | | | | |

## 弃船救生动作 ACTIONS FOR ABANDONING SHIP

| 弃船时的任务 DUTIES | 执行人 EXECUTOR | 弃船时的任务 DUTIES | 执行人 EXECUTOR |
|---|---|---|---|
| 降国旗 Lower the national flag, | | 关闭有关机器，操纵遥控阀门和开关 Shut off relevant engines, control remote control valves and switches | |
| 携带有关海图、国旗、航海日志、轮机日志、无线电记录簿、车钟记录簿、VDR 数据存储器或相关自动记录 Carry relevant charts, flag, deck log book, engine log book, radio log book and engine telegraph record, VDR data storage or relevant automatic recordings | | 携带、管理应急无线电示位标（操作说明）Carry and manage EPIRB (With operating instruction) | |
| 携带船舶证书及重要文件 Carry ship's certificates and important papers | | 携带双向无线电话机及应急备用电池（操作说明）<br>Carry two-way radiotelephone and emergency backup battery (With operating instruction) | |
| 尽可能携带食品、药品和毛毯等生活必须品 Carry food, medicine and blankets as much as possible | | 管理操纵抛绳器（操作说明）Administer line-throwing appliances (With operating instruction) | |
| 关闭水密门、泄水孔、舷窗、天窗、舷门和其他类似开口<br>Close watertight doors, scuppers, side scuttles, skylights, portholes and other similar openings on board | | 携带雷达应答器（操作说明）carry SART (With operating instruction) | |
| | | 发送最后求救信号 Send the last distress signal | |

## 放救生艇/救助艇/救生筏动作与任务 SURVIVALS CRAFT LAUNCHING

| 执行人 EXECUTOR | 自由降落式救生艇 GRAVITY FREEFALL LIFEBOAT | 吊放式救生筏 DAVIT TYPE LIFERAFT | 执行人 EXECUTOR |
|---|---|---|---|
| | 艇长，携带艇员名单，核对艇员，指挥放艇<br>Commander on spot, carry a list of boat crew, check boat crew members, command boat launching | 筏长，管理集合地点应急照明，核对筏员名单。<br>Commander on spot, administer the emergency lighting at muster station, check the raft crew list. | |
| | 副艇长，携带艇员名单，检查救生衣和救生服。<br>Carry a list of boat crew, check immersion suits and lifejackets. | 松开滑钩，脱开绑扎钢丝绳。<br>Release slip hook to disconnect lashing wire. | |
| | | 把卸扣挂在吊筏钩上。<br>Hang the shackle on the hook. | |
| | 管理集合地点应急照明和救生艇电气设备。<br>Administer the emergency light of muster station and boat electrical equipment. | 拉出稳索，分别在两侧栏杆或系固点绑牢。<br>Pull the stay line and tie it to the railings or fastening points on both sides. | |
| | 检查是否有妨碍救生艇自由降落的障碍，如模拟释放用的限制救生艇滑落的索具或器具。<br>Check for obstacles to the freefall of a lifeboat, such as rigging or appliance for simulating the release of the lifeboat. | 拉缆绳，直到筏体充足气，并将登筏垫拉出铺在甲板上。<br>Pull the cable until the liferaft is full and pull the padding onto the deck. | |
| | 自由降落式救生艇登艇人员全部进入小艇，系安全带。<br>All members enter into the freefall lifeboat, fasten safety belts. | 登筏，解开吊筏索和登筏布，放低至海面。<br>Get on board, disconnect the raft cable and boarding cloth then lower to the sea. | |
| | 管理艇机和应急舵。<br>Administer boat engine and emergency rudder. | 将吊筏钩脱开，用小刀割断小绳后撤离。<br>Release the hook from raft and cut the rope with a knife for evacuation | |
| | 操纵救生艇脱钩装置，操纵艇机。<br>Operate release systems, operate boat engine. | | |

| 抛投式救生筏 FLAT TYPE LIFERAFT | 重力式救助艇/救生艇 GRAVITY LIFEBOAT/RESCUE BOAT | 执行人 EXECUTOR |
|---|---|---|
| 筏长，管理集合地点应急照明，核对筏员名单<br>Commander on spot, administer the emergency lighting at muster station, check the raft crew list | 现场指挥，指挥放艇。<br>Commander on spot, command boat launching. | |
| 解除救生筏系固索，将救生筏抛投水中，拉动首缆，充气成形。<br>Cast off the liferaft lashing, throw the liferaft into the water and pull the bow cable to expand by inflating | 艇长，现场指挥接替人，协助指挥放艇，操作脱钩装置，操纵救助艇。<br>Commander of the boat, substitute for commander on spot, assist boat launching, operate release systems and manoeuvre unclosed rescue boat | |
| 放妥登乘梯，检查登筏人员救生服、救生衣穿着。<br>Lay out embarkation ladder, check immersion suits and life jackets. | 检查救生衣的穿着。<br>Check the donning of lifejackets | |
| 扶正救生筏。<br>Right the liferaft to its proper condition | 管理集合地点应急照明和吊艇机电气设备。<br>Administer emergency lighting of muster station and davit electrical appliance. | |
| 抛投救生浮环，协助落水人员登筏。<br>Throw rescue quoits to help persons in water. | 放登乘梯,拆除舷边护栏，照料艇员登艇。<br>Lay out embarkation ladder, Dismantle side-rail and take care of crew embarking.. | |
| 解除救生筏系缆，使筏脱离船舶。<br>Cast off the painter to move the raft away from the ship. | 解除救助艇前/后固艇索，带艇艏/艉缆。<br>Release gripes fore and aft, fasten painter and aft line. | |
| 管理海锚，控制救生筏漂流速度。<br>Cast sea anchor to control the raft drift speed. | 操纵吊艇架放艇。Operate the davit for launching. | |
| | 随艇下，管理艇艏缆，出艇靠把，撑篙。<br>I In boat, control painter, take fender and pole | |
| | 随艇下，管理艇尾缆，携带救生圈。<br>In boat, control aft rope, carry lifebuoy | |
| | 随艇下，操作救助艇艇机。<br>In boat, operate boat engine. | |
| | 随艇下，携带急救药品、毛毯、医疗器材，现场救助。<br>In boat, carry first-aid kit, blanket and medical equipment. Give the emergency treatments | |

## 救生部署 BOAT STATIONS

| 驾驶台 BRIDGE | |
|---|---|
| 值班驾驶员 Duty officer | 协助船长，瞭望，操纵车钟，对外联系<br>Assist Master lookout, operate telegraph, Contact with outside. |
| 值班水手 Duty seaman | 操舵，协助瞭望，悬挂信号，抛投带自亮浮灯和救生索的救生圈<br>Helm, assist to lookout, display signals, throwing lifebuoy with auto-light and life-line |

船长 MASTER

| 电台任务 RADIO STATION | |
|---|---|
| GMDSS 操作员 GMDSS operator | 管理 GMDSS 设备。协助船长负责船内外通信联系，根据船长指示通知弃船集合地点。<br>Administer GMDSS equipment. Assist master with communication, indicate muster station according to master's order. |

## 消防部署 FIRE STATIONS

大副作为船长接替人，甲板着火时担任现场指挥，有危险品着火时携带装载图和应急措施表；机舱着火协助轮机长指挥。
C/O substituted master, command on spot if deck on fire, carry loading plan and Ems when DG on fire, assist C/E if E/R on fire
轮机长在机舱着火时担任现场指挥，甲板着火协助大副指挥。C/E act as command on spot if E/R on fire, assist C/O if deck on fire

### 消防队 FIRE-FIGHTING SQUAD

| 任务 DUTIES | 执行人 EXECUTOR |
|---|---|
| 队长：指挥消防队。<br>Leader of fire-fighting squad: command fire-fighting squad | |
| 副队长：队长接替人，协助队长工作。<br>Deputy leader of fire-fighting squad: substitute for leader, assist leader. | |
| 队员：携带并穿戴消防员装备，探火，抢险。<br>Team member: carry and wear FFE, search for fire spot, rush to deal with an emergency | |
| 队员：操作消防栓、水带及水枪。<br>Team member: control hydrants, fire hoses and nozzles | |
| 队员：携带手提式灭火器。<br>Team member: carry portable extinguishers | |
| 队员：携带手提式灭火器。<br>Team member: carry portable extinguishers. | |
| 队员：携带两只防爆型或等效安全的双向无线电话。<br>Team member: carry two explosion proof type or intrinsically safe two-way portable VHF | |

### 隔离队 ISOLATION SQUAD

| 任务 DUTIES | 执行人 EXECUTOR |
|---|---|
| 队长:指挥隔离队。<br>Leader of isolation squad: command isolation squad. | |
| 副队长：队长接替人，协助队长工作,携带长柄太平斧。<br>Deputy leader of isolation squad: substituted for leader, assist leader and carry fire-fighting axe. | |
| 队员:隔离火场周边易燃物。<br>Team member: isolate flammable materials around the fire | |
| 队员:关闭防火门窗，挡火闸，舱口，孔道，通风筒等。<br>Team member: close fire doors, windows, fire dampers, hatches, access ventilations, etc | |
| 队员:切断有关电路，关闭风机。<br>Team member: cut off relative circuit, Turn off ventilator. | |
| 队员:关闭有关油路吸口阀门。<br>Team member: shut off valves and cocks of oil suction pipes. | |
| 队员:检查供随后弃船用的必要设备和装置。<br>Team member: check the necessary arrangements for subsequent abandoning ship | |

### 救护队 FIRST-AID SQUAD

| 任务 DUTIES | 执行人 EXECUTOR |
|---|---|
| 救护队队长：指挥救护队，携带急救药箱，救护。<br>Leader of first-aid squad: command first-aid squad, carry first-aid box, perform first-aid | |
| 副队长：队长接替人，携带担架，救护。<br>Deputy leader of first-aid squad: Substituted for leader, carry stretchers, and perform first-aid | |
| | |

### 技术队 TECHNICAL SQUAD

| 任务 DUTIES | 执行人 EXECUTOR |
|---|---|
| 队长：指挥技术队。<br>Leader of technical squad: command technical squad | |
| 副队长：队长接替人，协助队长工作。<br>Deputy leader of technical squad: substitute for leader, assist leader. | |
| 队员:操作固定灭火系统，按船长命令施放。<br>Team member: control the fixed fire extinguishing system and apply it according to master's order | |
| 队员:操作应急消防泵。<br>Team member: control the emergency fire pumps | |
| 队员:管理操纵固定式局部灭火系统。<br>Team member: control fixed local application fire-fighting systems | |
| 队员:管理操纵主机、副机、应急发电机。<br>Team member: control M/E, A/E and E/G | |
| 队员:管理国际通岸接头。<br>Team member: administer international shore connection | |

## 封闭处所进入与救助 ENCLOSED SPACE ENTRY & RESCUE

| 任务 DUTIES | 执行人 EXECUTOR |
|---|---|
| 现场指挥，负责甲板/机舱所属封闭处所区域。<br>Command on the spot, responsible for the enclosed space belong to the deck/engine room | |
| 驾驶台值班，负责保持船舶内部和对外通信联系畅通。<br>Duty on bridge, keep good communications with internal and external in the ship | |
| 机舱值班。<br>Duty on engine room | |
| 使用专业仪器对封闭处所进行测氧测爆、有毒有害检测。使用的通信设备需为防爆型。<br>Use professional instruments to perform oxygen measurement, explosion detection and toxic and harmful detection on enclosed spaces. The communication equipment used must be explosion-proof. | |
| 携带救生绳、安全带等属具，打开封闭处所门窗，移开附近障碍物 。<br>Carry the lifeline, safety belts and other gears. Open the ventilation cap of the enclosed space. Remove the obstacles near the enclosed space | |
| 携带便携式防爆灯，提供电源和充足的通道照明。<br>Carry portable explosion-proof light. Provide power and enough lighting in the gallery | |
| 拉警戒绳，挂警戒牌，禁止无关人员进入。<br>Make guard zone with line, post guard board, forbid entering of any others. | |
| 携带担架、急救药箱和毛毯等，现场救护。<br>Carry stretcher, First-aid Kit, blanket, etc. Conduct the emergency treatments。 | |
| 携带并穿戴防护用具、自给式呼吸器，配备安全设备进入处所救助伤员。<br>Carry and wear protective and self-contained breathing apparatus. Enter the enclosed space to rescue the wounded. | |
| 使用便携式鼓风机，对处所进行通风。<br>Use portable ventilator, provide ventilation. | |
| 进行隔离，关闭相关的管路和阀门。<br>Isolate the enclosed space, Close the relative pipe and valves. | |
| 看护员，携带通信设备，建立与进入人员的通信，并在进入前进行测试。<br>Act as a monitor. Carry communication equipment and test before enter. Get in touch with the person entering the enclosed space. | |
| | |

三副
负责船上消防救生设备的日常检查和维护。
Third officer:
In charge of the inspection and maintenance of the fir-fighting and life-saving equipments and appliances onboard the vessel.

注：
1. 应变部署表应在船舶开航前制定，在应变部署表制定后，如船员有所变动而必须更改应变部署表时，船长应安排人员修订该表或制定新表。
2. 应变部署表中的任务可以一人多职，也可一职多人。
3. 船长的接替人为大副，轮机长的接替人为大管轮，驾驶员互为替换人，轮机员互为替换人，艇长的接替人为首选持船舶驾驶证人员。
4. 航行途中发生应急情况时，驾驶室固定人员为：船长、值班驾驶员、值班水手；机舱固定人员为：轮机长、值班轮机员、值班机工。表中“执行人”一栏应填船员编号.
5. 救助艇的降落参照救生艇的降落，由船长现场决定增加救助、救护和担架人员。
6. 救生、消防设备维护保养责任人为驾驶员或轮机员。大副和轮机长负责监督指导。
7. 应变部署表应由船长签字后张贴在驾驶室、机舱、居住处所及公共处所。如遇船员变动或情况改变，应及时修订。
8. 对于国内航行船舶，在填写应变部署表时船员姓名可以不填在应变部署表中，但应在应变部署卡中填写，并采取有效手段，使船舶主要人员手中有本航行次船员姓名与编号的对照表。
9. 若船上人数超过 30 人，应将超出人员信息另行列出。

REMARKS:
1. The muster list shall be prepared before the ship proceeds to sea. After the muster list has been prepared, if any change takes place in the crew which necessitates an alteration in the muster list, the master shall arrange personnel to revise the list or prepare a new list.
2. For the duties assigned in the muster list, one person may do multiple duties and vice versa.
3. The substitute for master in an emergency is chief officer and for chief engineer is second engineer. The officers substitute each other and the engineers do likewise. The substitute for commander of lifeboat should consider certified person first.
4. In the case of emergency, the following crew must be present: master, duty officer and duty seaman on the bridge; chief engineer, duty engineer and duty motorman in the engine room. The content filled in the columns of "executor" shall be crew number.
5. Reference is made to lifeboat launching for the operation of rescue boat launching. Persons needed for carrying rescue, first-aid and lifting stretcher should be assigned on the spot by the master.
6. Crew members appointed to maintain life-saving and fire-fighting appliances should be deck officer and engineer. This work should be conducted under the direct supervision of chief officer and chief engineer.
7. Muster list shall be posted in the bridge, engine room, accommodation and public spaces after signed by the master. If any change takes place in the crew which necessitates an alteration in the muster list, the master shall either revise the list or prepare a new list
8. The name of the crew could not be filled in master list but shall fill in emergency card for domestic sailing ships. Effective measures should be taken to ensure that main crew and persons obtain the table of name and number of crew.
9. If the number of crew and persons onboard over 30, the information of them shall be listed separately

船长 MASTER: ____________　　日期 DATE: ____________